中公文庫

作家と家元

立川談志

中央公論新社

目次

景山民夫

伊集院 静

石原慎太郎

作家と家元

吉行淳之介

一九二四（大正一三）年、岡山県生まれ。五四（昭和二九）年、『驟雨』で芥川賞受賞。『原色の街』『砂の上の植物群』『星と月は天の穴』『暗室』など小説のほか、エッセイや対談集を多く残した。九四（平成六）年、死去。

対談　落語見る馬鹿聞かぬ馬鹿

吉行　どう？　談志さん、少しはまるくなったかね。
立川　まだダメですね。自分ではセーブしようと思ってるんですよ。でも、話が通じない人と会話してるとすごくイライラする。がまんできなくなってソッポむいちゃう。打ち合わせなんかへ行くでしょう。そうすると「わかってるよ」といいたくなるくらいクドクドと説明する人がいるわけですよ。そこで「コン畜生、うるせえな」みたいな感じになって、あとで「ア、いけないな」と思うんだけど、その状態だけ見た人には、「この野郎、なんて生意気なやつだ」という感じになる……。
吉行　わかるね。だいたい二十代で生意気でないようなやつは見込みないからね。
立川　自分では、そう生意気だとは思っていなかった。
吉行　本人はそういうもんだよ。何年かたって、ときどき思い出して、ヒヤッとすることになる。

＊

吉行　落語家のあいだで、シャレが出たときには、けなすのがエチケットなんですか。
立川　どんなうまいシャレでも地口落ちになった場合は、けなすのがわれわれの任務ですね。
吉行　けなすことで救うわけですか。
立川　そうですね。うんとうまいか、めちゃくちゃにくだらないか、どっちかがいいんで、中途ハンパがいけない。ギンナンおつまみで一杯飲んでて「おなかに悪くねえかな」っていったら「イチョーによくなる」といったのがいる。これなんかうまいですね。くだらないほうでは、横浜に着いて「ヨコハマゴム」といったやつがいる（笑）。
吉行　これはいいな。
立川　東京へ着いて「トウキョウエキ」といいかねない（笑）。ぼくが黒の背広に黒のトックリを着て楽屋へいったら「マドロスの喪服だね」（笑）。
吉行　あなたの本（『現代落語論』）を読んで、もっとも気に入ったやつは「番頭さん、金魚はどうしたい？」「いえ、わたしは食べません」というやつ（笑）。あれはいいね。じつにいい。

立川　権太楼《ごんたろう》〔初代〕さんですね。「となりのネコが食べちゃったんでしょう」「じゃネコの届かないところにおいときなさい」「お風呂の煙突の上はどうでしょう」……この飛躍がおかしい。「わたしは金魚を見て楽しむんだよ。そんなとこじゃ見えない」「望遠鏡で見たらいいでしょう」「いや、ネコのこないところにおいときなさい」「ダンナさま、おいときました」ここからますます飛躍する。「金魚鉢はおいときましたが、金魚はどうしましょう」これだけでもおかしいのに、その返しがある。「金魚おかなきゃしょうがないでしょう」「エーッ、金魚おきました……金魚鉢はどうしましょう」……めちゃくちゃなところがおかしいんですね。

吉行　志ん生にもその感じはあるね。「寝床」の最後で、番頭さんが困って「ドイツへ行っちゃった」という（笑）。

立川　なんでドイツへ行ったのかわからない（笑）。

吉行　どういうことはないんだけど、おかしいね。やる人の味にも関係あるんでしょうね。

立川　ありますね。写実的なものは、ぼくらでも勉強すればなんとかなると思うんだけど、ああいった……。

吉行　アブストラクト。

立川　……なものは志ん生さん。文楽さんは写実だというけど、やっぱりアブストラクトが入っていますね。いまは、そういう人がいなくなった。サラリーマン化されて。たまに奇想天外なものを持った人も出るんですが、いまの観客に同化されちゃって、写実をコツコツやってる人より、もっと惨たるものにでき上がってしまう。

吉行　あの本の中でおもしろかったのは「化ける」という言葉。「あれはそのうちに化けるかもしれないよ」というい方には、いまはしようがないが……という気持があるわけでしょう。それで、化けた結果は認めるわけですか。

立川　認めるわけです。売れさえすれば。そういうのが出ると、寄席が潤うという気持があるんじゃないかな。だから、文楽師匠なんか「受けなきゃいけませんよ」といいますね。「飛び道具使ってでも受けなきゃいけません」。文楽師匠がそういうのは、自分の芸の否定なんですけどね、考えてみれば。だから、表面的には認めているけども、深く追求してみれば、なんと返事するかわからない。

吉行「化ける」という言葉は、軽蔑もあるし、なにか異様なものになるという畏れもあるわけでしょう。どっちが強いの。やっぱり軽蔑かね、最初は。

立川　違うものだ、というふうに思っているじゃないですか。だからこそ「化けましたよ」といって平気な顔をしてられるんじゃないですか。

吉行　邪道だと思ってるわけだな。
立川　正攻法じゃない、飛び道具だという……。珍芸みたいなものだと。
吉行　珍芸というと、テレビの落語家の番組に、ゲストで、もと落語家のいまはテレビで人気者という人が出る場合がありますね。ああいう人たちには、自分は横道にそれたというしろめたさみたいなものがありますか。
立川　劣等感はあるでしょうね。だけど、ぼくは許せないですね。かれらは、落語から何かを持って行って、落語になんにも返していないでしょう。
吉行　あなたの司会してる「金曜夜席」〔日本テレビの演芸番組。一九六五年より六六年まで放映され「笑点」の前身となった〕というの、ぼくはよくみるんだ。あれはおもしろい。
立川　こないだも「朝帰りのいいわけ」というのをやったら、「すみません、始発の運手にご馳走になっちゃって……」これなんかうまいね。
吉行「ウサギとカメ」が口をきけたらというんで、「カメって動くもんだね」（笑）。あれはよかった。
立川　メトロ映画〔メトロ・ゴールドウィン・メイヤー・スタジオ。ライオンがトレードマーク〕のライオンはなんていってるか。「このまま客席に飛びこんだら、驚くだろう」（笑）。
吉行　あのライオンが「この映画つまらないよ」っていうの、客には受けなかったけど、ぼくはおかしかったね。あのライオン、ほんとにつまらなそうに横向くからね、吠えたあとで（笑）。いまでも、若手で変わったのいますか。

立川　これは精神病院に入っちゃったけど、朝之助《ちょうのすけ》（三遊亭）。やっぱり、おかしかったな。

吉行　精神病院に入っちゃったの。

立川　酒のくらいすぎで。競馬が好きでね。テレビでマラソン見てたら、大きいのを小さいのが追っかけてる。「どうだい、朝さん、これは抜けるかね」って聞いたら「ダメだね、馬体が違う」（笑）。仲間と競馬に行って、あるレースでみんなが一―三だというのに、かれだけ四―一を買った。きたのがやっぱり一―三で、みんなが「それみろ」といったら、「予想屋の野郎、アタマは四だというんだ。この馬にくらべたら、ほかの馬は牛みてえなもんだって。走り出してみたら、牛の速えのなんの、馬が一番あとから来やがった」（笑）。

吉行　ほかに変わったのいますか。落語家《はなしか》というのは、取られても遊びがあるところがおもしろいですね。

立川　紙切りの林家小正楽。埼玉県の春日部《かすかべ》の生まれで、「チルチル、ミチルというのは、どこの漫才ですか」なんていいやがる（笑）。

吉行　これはいい。

立川　最初来たときには、落語家志望のくせに、ジョン・ウェインの似顔のついたシャツを着て、ガマ口出すと、これが野球のミットのかたちをしてて、それに「美空ひばり後援会春日部支部」と書いてある（笑）。四、五年前には、「狐に化かされた人を助けてやって表彰されました」。狐に化かされた人が、池のなかに入って行ったのを助けたっていうんだけど、そんなのあるかね（笑）。紙切りをめちゃめちゃにする方法があるんですよ。前へ回って、注文するんです。「イヨッ、待ってました。ボウリングのタマ！」（笑）。切りようがない。「ボウリングのタマだけ、タマだけッ」「ほかになにか？」「三角定規！」「ほかになにか？」「新聞紙！」（笑）。

吉行　いまの寄席の観客層は若い人が多いんですか。

立川　若いのばっかり。

吉行　しかし、若い人が寄席に来るのは、古典落語を聞きにこようと思ってるのか、それとも……。

立川　ぜんぜんそうじゃないでしょうね。テレビに出てるのをジカに見てみよう、じゃないですか。その証拠に、テレビに出てる若手の高座が終わると、帰る客がいますからね。ぼくらがそのひとの噺《はなし》を聞きたいと思って、そういう噺家になりたいと思っている師匠が出てるのに、帰る客がいる。ほんとうに胸ぐらつかまえて「おまえ、ここになにしに来たんだ」といいたくなるくらいですね。文楽師匠が出ると帰る客がいるわけですよ。ほんとに、そういいたいですね。「なにしに来たの。落語聞きに来たんじゃないの。これが落語ってもんだよ。これが落語だよ」って。

吉行　あなたはほんとうに落語が好きなんだな。

立川　好きですね。ぼくがいちばん好きなんじゃないかと思う。ときどき寄席の外に出て、看板を見上げるんですよ。桂文楽、古今亭志ん生、三遊亭円生、柳家小さん……と名前が並んでて、あとのほうに立川談志と書いてあるでしょう。心の底から嬉しさがこみあげてきて、ああ、おれはいい商売を選んだと思いますね。

（「週刊アサヒ芸能」一九六六年三月十七日号／『吉行淳之介エッセイ・コレクション4』ちくま文庫 二〇〇四年）

対談　大きくなったらリッパな人になります

一時間半の対談のあいだに、選挙のはなしもした、ご婦人のはなしもした。しかし、話題はすぐに落語のことに戻ってしまう。ここが立川談志さんのいいところで、以前ナマイキナマイキと言われているころから、私は大いに感心していた。将来、落語家として大成することを期待したいが、どうなっても私の知ったことではない。（吉行）

落語は人生を語るものだ

吉行　この対談〔吉行淳之介の「面白半分」対談〕、これで最終回。

談志　じゃ、トリじゃないの。

吉行　そうなんだよ。それできょうは真打ちの話を伺おうと思う。古典落語の大真打ち《おおしんうち》……実力の意味での大真打ちになれる可能性というのは、何歳以上ぐらいから出てくるものですかね。

談志　これは容貌《ようぼう》の感じもあるでしょうけど、ふけた感じの人もふくめて四十五……まあ、五十でしょうね。

吉行　ほかの芸の分野では、若いのは若いなりに完成されることがあるのに、落語に限って、四十、五十にして、ようやく……という感じがあるのは、どうしてなんだろうか。

談志　ぼくは、落語は人生を語るもんだと思うんですよ。華麗な舞台装置があるわけじゃなし、どれだけのいい男が出てくるわけじゃなし、いい声を持っているわけじゃなしね。それで、人生を語るのに、二十代は二十代でキャリアの不足を若さで補って、二十代の語り方、三十代の語り方があると思うから、「年をとらなきゃダメだ」などということは、いっさいないだろうと思っていた。ぼくはそんなことはないと信じて、あると信じていた落語界の……ある意味での落語界の革命をやってきたわけですよね。いまはかえって、年寄りが出ると、客が帰っちゃうということがあるわけでしょう。

吉行　帰っちゃうということはあるけれども、帰ることが正しいかどうかはわからないね。

談志　ただ年寄りのほうが、やすらぎを感じさせるということはあると思うんです。それは芸かどうか知らないけど……。

吉行　つまり、人間のふところが深いという感じ……。ふところが深くならないと、出てこないんじゃないですかね、落語の世界というものは。

談志　ふところの深さというものは、年と関係あるわけ？

吉行　やっぱり、ぼくはあると思う。
談志　でも、ただ年だけじゃないでしょう。つまり、貧乏したり……。いまは貧乏ないから、いろんなアバンチュールをしたりしてこないとダメでしょう。
吉行　だから、いろいろやっているうちに、だんだん年齢がきて、いまあなたのいった四十、五十というのは正解だと思うんだよ。
談志　小説もそう？
吉行　小説のほうは、そうじゃない場合もある。
談志　でも、小説も人生をいろいろと……。
吉行　それがね、二十なら二十の実《み》が成るということがあるんですよ。
談志　落語にもそれがあるから、若手でも受け入れられているんじゃないですか。
吉行　さあ、古典落語の場合、それはどうだろう。

志ん生でなきゃでない味

吉行　具体例をいいますとね、「黄金餅《こがねもち》」というのがあるでしょう。ぼくはあの作者は……まあ、だれかが書いて、何人かによってしだいに出来上がってきたわけだろうけど、たいへんな人だと思うんですよ。つまり、考えようによっちゃ、陰惨なはなしですよね。

ところが、あの作者の抜群なところは、ハッピーエンドで終わらせているでしょう。
談志　そうなんですよ。平気な顔をして、めでたいおはなしだ、といってンだから。
吉行　聞いたことのない読者のために簡単にいうと……要するに、ケチが死ぬ間ぎわにもらった餅のアンコ舐《な》めて、その餅の中へ小判を詰めて呑《の》み込むわけだ。そうしないと死にきれない。それを見ていた長屋の隣のオッサンが、死体の腹のところをナマ焼けにしてくれ、とかなんとかいって……。
談志　焼き場へ行って、掻《か》っさらってきちゃう。
吉行　それで餅菓子屋をして成功したというはなしだね。陰惨なはなしですよ。ところが、あれをいろんな人がやっているだろうけど、志ん生の「黄金餅」には、まったくその陰惨さがないよね。
談志　ないンですよ。
吉行　あれはやっぱり、若い人じゃできないんじゃないか、と思うんだけどね。
談志　ぼくは「若い人じゃ」じゃなくて、志ん生でなきゃ、できないんじゃないかと思う。
吉行　だけど、三十代の志ん生だったら、できたかな。
談志　ひょっとすると、陰惨だったかもしれませんね。ぼくはあのはなしをやるんですよ。まったく陰惨だね。陰惨でやるよりしようがないもの。

吉行　あなたがやるの聞いてみたいね。陰惨なの？

談志　陰惨ですとも。たとえば、志ん生の「らくだ」でもね、フグで死んでいる奴《やつ》に（志ん生の語り口で）「起きろ」「死ぬのよせ」なんていうでしょ。「死ぬのよせ」なんて、ぼくらだったらとてもつながらないような会話が、ピッタンコつながっちゃう。ぼくらがあれに追いつくためには、せいぜいリアルに演じて、作品に近づこうとする以外にないわけよ。ところが向こうは、リアルもヘッタクレもなくて、それこそ天馬空を行くみたいな、腹ァかかえて笑える「黄金餅」を演じて、嬉々《きき》として高座から降りてきちゃう。焼き場へ行って腹から臓物と一緒にカネ掻っさらって逃げた、というひどいはなしなのに、「このカネを元にして、目黒で黄金餅という餅屋をして、たいへん繁盛したという黄金餅です」ってね（笑）。

吉行　そうカラッと演じられるのが、つまり、ふところの深さだと思うんだよ。志ん生でなきゃやれない、ということもあるだろうけど、その志ん生にしてさえ、ある年齢を経なくちゃできないということだと思うんだ。

ぼくは珍しいタレントです

吉行　あなたがテレビに出たり、いろんなことをするのも、ふところを深くしようと思ってやっているわけでしょう。
談志　深くなるだろうといい聞かして、出ているんですがね。
吉行　それがね、出て恥でもかきゃいいんだけど、テレビで受け入れられるということは、最大公約数に受け入れられるということでしょう。そうすると、わかりやすく味を薄めるということにはなりませんかね。
談志　それはできるだけしないようにしている。キャンセルされることを恐れずに、自分をぶっつけていこうというような……。
吉行　それをやっていたら、視聴率がどんどん下がるだろう。
談志　それでいて、あるんですよ、ぼくは。珍しいタレントです（笑）。というのは、それだけ水増しされてンのかもしれないけどね。
吉行　あのヤロウは不愉快だけど、いやなもの見たさで見てやろうと（笑）……。
談志　それが視聴率一〇％を持つ貴重な条件になっている（笑）。
　吉行さん自身も、小説のほかにいろいろなことをやっているわけでしょう。そうでもないですか、小説だけですか。
吉行　いや、こうして対談もやっているし、まあ、いろいろやってるといえばやってるし、やってないといえばやってない。

談志　どうなんですかね。やらないほうがいいのかね、おれ、いろんなことを。
吉行　いろんなことのやり方の問題だよね。
談志　やったほうがいいの、やらないほうがいいの、つったら、どうですか。やらないほうがいいですか。
吉行　あのね、優越感を持てるような立場には立たんほうがいいような気がするんだけどね、やるにしても。
談志　芸人は、ですか。
吉行　芸人にしろ、小説家にしろ。
談志　はあ。ということは、栄光があっちゃいかん、ということですかね。劣等感がなくなったら、また劣等感を捜すって、安岡章太郎さんが書いていたけど……。
吉行　むずかしい問題ですな、これは。
談志　吉行さんには、劣等感なんかないでしょう。
吉行　ありますよ。
談志　銀座じゃモテるし……。
吉行　冗談じゃないよ。人間はだんだん年をとるからね。
談志　そうか。年をとるの、いやだなあ、おれは。

吉行　でも、落語家は年をとれば、大真打ちになれるんだから、こんないい商売ない。
談志　小説家だって、文化勲章もらうとか、紫綬褒章もらうとか、いろんなことがあるじゃない。
吉行　これは落語家の年のとり方とは、ちょっと違うな。
談志　年をとって、若い女がこなくなったらこわいと思わない？
吉行　それは昔のようなかたちではこないよね。別のかたちでこさせることはできると思う。つまり、手はあると思う。
談志　あるかねえ。
吉行　昔、偉い政治家がね、八十ぐらいになって、若い女を二人、裸で横に寝かしてさ。
談志　小説家じゃこないやな（笑）。
吉行　それまでに貯金するんだよ。
談志　あ、そうか。遠大な計画だね。
吉行　からださえくりゃいいんだからね。心はいらない。カネを出せば、くるのがいるだろう、若い女で。
談志　そのために、吉行さんは貯金しているんですか。
吉行　しようと思っている。つまり、ニコニコ貯金だな（笑）。まだしてないけど、これから始めようと思っているんだ。

三平の笑いと志ん生の笑い

談志　いまのところは、まだカネ積まなくてもくるでしょう。
吉行　現在？　それは、こさせようと思えば、こないものでもないだろうけどね。
談志　だんだん曖昧《あいまい》になってきた。いやだねえ（笑）。
吉行　政治家の答弁だ（笑）。
談志　すこしおぼえなきゃいけない（笑）。でも、ぼくは、若さみたいなものをいつ諦《あきら》められるか、それと、いつ別れられるか……と思うね。
吉行　古典落語より、自分のほうを大切にしてるんだよ、それは。
談志　古典のほうを大事にしなきゃいけない？　自分よりも。
吉行　それは、あなたの勝手ですがね。
談志　古典というと、なんかすごく重苦しく、暗くなっちゃうようなところがあるけど、一般に「落語」と一口にいっているもののなかに、古典と新作があるから、古典落語といっているだけであってね。たとえば、三平の笑いと、志ん生の笑いと、どっちがいいかというと、返事のしようがないでしょう。どっちが高級か、低級かといわれても、これはまったくわからない。ただぼくたちは、文楽、志ん生の「黄金餅」をいいとしないと、落語は崩壊しちゃうからね。いいとするわけですよ。

吉行　やっぱり、志ん生、文楽のほうが、ふところが深いという感じがするね。で、三平さんには非常なる可能性が、ぼくはあると思う。なぜならば、すこぶる陰気な感じを受ける。

談志　ぼくは、あの人はいい、いきだから好きですね。いきか、野暮《やぼ》かで判断する。

吉行　そっちは「ン」が抜けちゃうけど、ぼくは「インキ」と見ますね。これはやっぱり、人間としてのふところの深さが出る可能性の一つだと思うんだよ。

遊びだけは一生懸命演出

談志　ぼくの友人は、「いろんなことをやるのは、いまの風潮だからしようがないよ」なんて、一言のもとにいっちゃってますけどね。いまは電話をとりながらメシ食ったり、メモとったり、映画一本おちおち見ていられない。

吉行　それはしかし、自分でそうしてるわけでしょう。

談志　みんなそうじゃないかしら。小説家だって、忙しい人はたいへんでしょう。

吉行　それは自分でそうしているわけだよ。
談志　あんさんなんか、落ち着いてるわけ？
吉行　ぼくはゴロゴロ寝てるだけ。
談志　いい気なもんだ（笑）。無精なんだ。正統派じゃない。無精派へはいるぼくらはね、忙しいけど、遊びだけは一生懸命演出している。こないだは「火の用心」やろうなんて、ずっと回っていたんですけどね。
　凝らなきゃいけないというんで、ちゃんと錫杖《しゃくじょう》借りてきて、ハッピ着て、鉢巻《はちまき》をケンカ結びにして、「二番煎《せん》じ」そのままにやるわけだ。「火の用心さっしゃりあしょう」……これがあまり反応ないのね、下町でも。まあ、反応、気にしちゃいけないんだけどね。
　ところが、色街へ行くと……これは神田の講武所でしたがね、ガラッと窓があいて、「ヘエ……。あたしゃもう聞けないと思ってましたけど、よく聞かしてくれました」。このひとことで、「どうでえ」なんて……。そのとき、ローレックス落としちゃったの。何十万円……。もらったもんですけどね。
吉行　ローレックス、やっちゃったのか。
談志　落っことしちゃった。
吉行　喜んで、やっちゃったのかと思った（笑）。しかし、それはいいね。遊びというのは大切ですよ。

下手にだまされるのはイヤ

談志　吉行さん、いまの落語において、人物をそれらしく描くということが必要ですかね。つまり、職人は職人らしく……。

吉行　いや、ぼくは落語はなにも研究家じゃないから……。しかし、こう聞いていると、あなたも芸熱心だね。

談志　好きなの。

吉行　もっとひどく下らない話をしようじゃないか。

談志　もっと下らない話……そうとは知らなかった。いつもあとで反省する。

吉行　あなたは、ヘンに真面目《まじめ》で、芸熱心なところがあるんだよね。

談志　貶《けな》されているわけ？

吉行　貶しているわけでもない。

談志　褒《ほ》めているわけでもない、ね。

吉行　ウン、首をかしげてるわけ（笑）。

談志　とたんにやりにくくなっちゃった。

吉行　あなた、依然として憎まれてんの？　生意気だ、なんていわれてんの。
談志　いわれてないんじゃない、あまり。
吉行　もういいんだろ？
談志　ウン。というのはね、大阪でドイツ人にはっ倒されるわ、選挙にゃ落っこちるわ、吉行さんと対談はするわでさ（笑）、みんなおれを一段高いところから見るようになったんじゃないかね。そんな気もするよ。
吉行　ドイツ人というところが面白いね。いろんな人種があるのに、よりによってドイツ人になぐられるなんて、これはやっぱり才能ですよ（笑）。
談志　偶然も才能のうちにはいってんの。
吉行　そう。偶然を引き寄せるのが才能なんだよ。
談志「このヤロウ、ふざけやがって。おれをだれだと思ってやがる」っていったんだけど、向こうはだれとも思っていないからね。
吉行　思ってやしないよ。だれも水戸黄門光圀《みつくに》公だなんて思いやしない。もともと愛嬌《あいきょう》があるんだよね、あなたには。つまり、生意気だとかなんとかいわれるけど、正直なところもあるんだ。
談志　正直だよ。全部しゃべっちゃうんだもの。それに、どっか抜けてんのか、よくだまされるよ、金銭で。ずいぶんしっかりしているつもりなんだけど。

吉行　それは悪い傾向じゃない。

談志　だけど、やっぱりくやしいね。だまされるというのはイヤだな。いきにだまされるのはいいけど、下手にだまされるとね。

吉行　うまくだまされたときは、感心しちゃうね。あのぐらいの演技に、これくらいの金でいいのかと思って……。

談志　そうなんだ。そういうのがないんだよ。野暮、ヤボですよ。ヤボというと志ん生のまくらのはなしにね、（志ん生の語り口で）「弁慶は、いつかは男は女に迷うもんで、弁慶も一度は女に迷ったそうで、一度で懲りてよしちゃった、というのは、ずいぶん強情な人がいるもんで。弁慶も、ウー、女の子になんかいわれりゃァね、『ちょいとベンちゃん、遊ぼうよ』なんていわれると、『そうかい、そいじゃァ七つ道具売っちゃうか』」……ここが志ん生の個性で実にいいんだ。
「どこ行くの」「戦さ行《いく》んだよ」「ウン、よしなよ、ヤボだよォ」ってひとことというの。戦さというのが、ヤボなんですよ。そのへんが軽く出てくる志ん生はすごくいいと思う。

吉行　話していると、必ず落語の話に戻るね、この人は。ぼくは落語の上手、下手はある程度までしかわからないけど、いつかあなたの「夢金」か……あれを紀伊國屋ホールで聞いたときに、ああ、談志もあと何十年かたったら、いい芸人になるだろうなあ、っていったの聞いたか。

談志　聞かない。聞きたくない。

吉行　これは褒め言葉なんだよ。それであなたはいま、いろいろとおやりになっているようだけど、話があると思うんだ。落語には、やはり、四十、五十にして……というところ聞いていると、やっぱり落語やるしかない人間じゃないかという気がするんだけどね。この点はどうですか。

談志　その点を聞かれたらね、ぼくはこう答える。りっぱな芸人になります。いつもそう答えるようにしてるの、「大きくなったら、りっぱな人になります」って。

吉行　その「りっぱ」は片仮名だろうか（笑）。

談志　なるほど、片仮名だね、きっと。リッパな人になります。

（「週刊読売」一九七一年三月十二日号）

色川武大

一九二九（昭和四）年、東京生まれ。六一（昭和三六）年、『黒い布』で中央公論新人賞を受賞。『怪しい来客簿』『離婚』『狂人日記』などのほか、阿佐田哲也名義で多くの麻雀小説を残した。八九（昭和六四）年、死去。

対談　一芸に賭ける芸人たち

ちょっと知能派がいい

色川　談志さん、敗戦のときは幾つだったの。
立川　小学校三年かな。
色川　物ごころついて、初めて印象的だった世間の人というと、だれ？
立川　貸本屋の親父なんて印象的だな。まだ生きてるらしい。いや、亡くなったかな……。
色川　小学校の時分から貸本屋？
立川　うん。大田区、そのころは大森区かな、鵜の木の村上という貸本屋、ここで全部読んじゃったんじゃないかな、本を。
色川　じゃ、いまのテレビっ子と同じで、その辺のところでドラマツルギーの裏は知っちゃったんだ。
立川　そういうことだよね。『少年講談』では蜀山人〔大田南畝〕が一番印象があったから、幾らかその気があるんですね。滑稽《こっけい》和歌なんていうのが好きだったりね。
色川　蜀山人というのは大スターじゃないね。
立川　うん。スターの中では塙団右衛門《ばん》だ、後藤又兵衛なんかが好きだったが同時に、一番印象に残っているのが蜀山人。一休はきらいなんだよな。何なんだろうな。
色川　ちょっとしかつめらしい感じ。
立川　そうなんだね。洒落も大しておもしろくないしね。あるところでサインを頼まれると、親死ぬ、子死ぬ、孫死ぬと書いて、これが一番いいんだ、順でいいんだというけれど
——やっぱりおもしろくないね、そういうのは。
色川　説教混じりになっちゃう。
立川　やっぱり蜀山人とか、曽呂利〔曽呂利新左衛門〕がおもしろかった。だから、未だに覚えてるよね曽呂利は。何で覚えちゃうんだろう。
色川　やっぱりちょっと知能派がいいんだな。
立川　そうかもしれないね。毛谷村《けやむら》六助が出てきて、太山伯耆《ほうき》という福島公の家来だかが相撲で投げ飛ばされちゃって、「ほうきなら土俵の砂を掃くものを、主を蹴るとはさても太山」とかね。可児《かに》才蔵が極め出されちゃって、「挾手を取られて可児の負け相撲、横に這うのを縦に這うとは」とか、そういうのをまだ覚えてる。

色川　記憶力がいいな。

立川　未だに覚える力は衰えないね。すぐ覚えちゃう。そのかわり忘れるけどね。

色川　しょっちゅうその鍛錬をしてるからだろう。

立川　そうかもしれない。だけど、思い出さないとイライラするね。小便すると大概思い出すんだけどね。

色川　ああいうのはどう。たとえば南洋一郎《みなみよういちろう》とか……。

立川　南洋一郎はわりと好きだった。『吼える密林』とか『緑の無人島』、覚えてますよ。『緑の無人島』は、最初に島にたどりつくときに、黒い紙を捨てようとする子供に、何でもとっておけっていって教える。最後にその黒い紙にレンズで火をつけて紙が燃えるシーンになってくるというのがあったりね。

色川　ぼくなんか、全然そういう細部は覚えてないな。

立川　海野十三《うんのじゅうざ》の『海底魔団』、それからやっぱり『怪人二十面相』の時代ですか。

色川　ほとんどぼくたちとちがってないね。（笑）

立川　『怪人二十面相』よりも、『少年探偵団』が怖かった。もっとも相手は同じ二十面相なんだけど、あの黒い化け物が怖い。ある大学生が月夜に公園に立っているんだが、気がつくと自分の影が動かない。その内にその影の頭の部分がパクッと割れてゲラゲラと笑う、のとか、それは怖かった。
色川　そうそう、そういうのが出てきたね。
立川　黒板塀が半分メリッと取れると、そこに真っ黒い人間が出てくるとか、船頭が船を漕いでると、船とちがう何か黒いのが泳いでいるんだね、その「黒いもの」は怖かった。
色川　映画より本ね。その時代は。
立川　まず本。そのうち熱血小説の佐藤紅緑《こうろく》になっちゃった。佐々木邦《くに》は余り好きじゃなかったな『愚弟賢兄』『全権先生』……。
色川　しかつめらしいところがある。
立川　ええ、あとは、漫画ですね。
色川　漫画だと……。
立川　『タンク・タンクロー』とか『チビワン突貫兵』とか『カバさん』とかね、『のらくろ』『凹凸黒兵衛』……。
色川　同じだな。戦争中までは余り動かなかったんだね。
立川　動かないんですよ。落語も動いてないというのかな、「三人旅」を昭和十年なら十年でやってるんだよね。もう汽車が、それも特別急行列車が走っているのにネ。あとそのギャップはお客のみんなのイマジネーションで補っちゃったのかなあと思うネ。

色川　大体、文楽さんのなんか、大正から昭和にかけての空気でしょう。それがずっと昭和二、三十年ぐらいまで通用したのよ。

立川　私は、それを講談の桜州〔小金井〕さんに求めに行ったんだ。文楽師匠には昭和の初めの大正の嬉しき連中の色があるでしょう。赤目合ってもしようがないでしょ、なんて言ってる。桜州さんには明治の色があったね。それを聴きに行ったのよ。桜州さんと邑井《むらい》貞吉《ていきち》さんと松鯉《しょうり》先生、神田松鯉ね。

色川　服部伸《しん》は余り明治の色がすくなかったね。

立川　ね、変に新しくして、おれ嫌いだったたな。浪花節（服部伸の浪曲師時代は一心亭辰雄）としてはうまいのかもしれない。だけど講釈師としては買わないね。だから、その好き嫌いというのですべてを判断してたんじゃないのかな。何よりも優先してたんじゃない。「言わなくたってわかるだろう、その芸人がいいか悪いか。このやろう」なんというところで。

この間も、高座ですこしそういうことを喋った。あいつは駄目だ……という言い方でやると、結局罵倒するようになりますよね。何故駄目なのか、論理を言わなくてただ、あいつは駄目だ聴けネェ、そう言ってやったら、喜ぶのがいるね。そこで生きていたいという客がいますね。

色川　おれなんかもそういう気配があるね。

受け役に廻ると映えるかつ江

立川　想い出の芸人を片端から挙げていこうか。そのほうがいいかな。

色川　なつかしいというやつは、たとえば文楽、志ん生もなつかしいけど、ニュアンスで幾らかひねったところがまたなつかしいというのがあるでしょう。

立川　歌謡曲でも、ぼくはB面が好きだという部分があるんですよ。それと同じような感じで、当時、おれが追っかけたのは、十辺舎《じっぺんしゃ》亀造だな。亀造、菊次……ですね。

色川　福丸〔都家〕は？

立川　福丸は知らない。

色川　そう？　亀造と福丸は同じような時期じゃなかったかな。亀造さんのほうがちょっと後かな。

立川　一緒だった時期はあったかも知れないが、私の聴いたころの亀造さんは全盛で、福丸さんはそのときは死んじゃってて、娘を二代目福丸にして福丸・香津代《かつよ》でやってたんですから。その福丸さんの何周忌かのとき楽屋で、だれかが「あいつはお香津つぁん、助平なやつだったたね」なんてことを言ったらしい。そうしたら、香津代さん、つまりかつ江さんは「畜生、ひどいな。帰ってから仏壇目茶苦茶にしてやる」ってんで、みんな引っくり返って笑ったという話があるんですがね。福丸さんは都家を嫁にもらうについて、捨てたら承知しないぞという一札を入れさせられたらしいですよ。都家さんは、文楽だ、志ん生だ、貞丈さんだというところにいたでしょう。彼等よりはちょっと若い年代では紅一点で座もちはいいし、かわいがられていたんだね。

色川　福丸とコンビを組む前は何をしてたの。女道楽だったの？

立川　女道楽というより、うちは元来曲芸師だって言ってたよ。

色川　丸一〔太神楽の一派〕か。

立川　曲芸師か茶番師だか、そうらしいですよ。都家さんはとってもいい女なんですよ。お侠《きゃ》んな、親切な、みごとな江戸っ子。そのかわり、気分は変わりますよ。気分によって、きょうはばかに親切かと思うと、翌日になったら素っ気なかったりする部分はあるけどね。舞台への出し方がちがった。鉄火じゃないほうがよかったんだな。

色川　ああ、そうか。

立川　うん。可愛い女のほうがよかったんだな。

色川　どこか神田のあたりで小料理屋をやってたことがあるでしょう。あのころ、高座より大人なんだよね。ちょっと変な言い方だけど、常識円満というか、いい女の人。

立川　うん、とってもいい。それで、昔ながらの寄席のルールに反する現実を嘆いた場合、「だけど、お師匠さん、現代《いま》はこうだよ」って言うと、「ははあ、そうかね。でも、いやだけど、なるほどね」って、そういう会話のできる人ね。

色川　高座のほうがちょっとしつこかったね。

立川　おれも高座で受けないと、自分が悪童になってみる。受けない。ますます悪童になっていっちゃうというのと同じようなもんで、あの人のネタは受けないんですよ。受けなくて、それにのめりこんでいくから、よけい受けなくなっちゃう。だから、もっと楽にやって受けさせるネタがあったはずなんですね。それを、玉川一郎がつくり間違えちゃったんじゃないですか、ちがうキャラクターを希《のぞ》んじゃった。

色川　福丸は、漫才のときは沸かした漫才だったけどね。

立川　ああ、そうですか。

色川　福丸さんが羽織を裏返してマントのように羽織って「金色夜叉」をやる。そういう立体漫才ふうなね。だから、受け役があればかつ江さんもいいんだろうね。

立川　そうなんですよ。

色川　一人芸じゃないんだね。

立川　それが証拠に、死んだ円歌〔二代目〕師匠がトリをとると、前に都家を使うんですよ。喋り終わると、都家が舞台へ出てきて、横で三味線を弾く。それで「こうもり」を踊ったり「奴さん」を踊ったりする。そのときのやりとりがおかしいわけよ。みんなかつ江さんに食われちゃうわけだ。引っくり返って笑う。しまいに、あんまりすごいんで、円歌さんが「まいったよ、かっちゃん」って。だからみごとに「つっこみ」であり、「ボケ」でありという相手の要る芸だったんでしょうね。

色川　一人になってから、最初のころはずいぶん何か迷ったようでしたね、いき方を。

立川　ね。落語もそうだけど、特に色物というやつは、のべつ同じことをやっているわけでしょう。そののべつ同じことをやってる……。

色川　のが、またよくなっちゃうんだ。

立川　よくなっちゃうんだね。あれは不思議なもので。

玉治の春楽〔柳亭〕ね。

色川　あれが健在だという噂を聞いたよ。

立川　嘘だよ。

色川　葬式なんか知ってる？　誰か健在だって言ってた。

立川　エーッ。ほんとかなあ。貧乏で眼鏡買えないって言うから、おれ眼鏡買ってあげてね。その眼鏡をお弔いの棺桶に入れましたよという話も聞いたがなあ。

色川　ああ、そうか。それじゃ……。

立川　美蝶さん（一徳斎美蝶）がこの間まで生きてたという話がある。

色川　そうね。楽屋にきたらびっくりしたって。

立川　きたっていうの。

死んだ甚語楼〔二代目〕さんが春楽さんに、「君のはね、声色ていうんじゃないんだよ。これは台詞《せりふ》なんだよ」って言った。似てないからね。だけど、今からいったらまったく似てないみたいなものを、戦後みんな聴いてたからね。

色川　それだけ、歌舞伎が一つの常識になってたんだね。

フィーバーさせる芸はどこに消えた

立川　昔の寄席っていうのは、フィーバーしたの？　寄席って大人がくるところでしょう。餓鬼はこなかったんでしょう？

色川　きても、餓鬼は大人のことを覚えるのが一生懸命だったんだよ。

立川　そうでしょう。大人に連れられてくるというケースと、中には生意気なちょっとひねった餓鬼がくるんで、みんな健康でワーッと行こうというところじゃないでしょう、野球場みたいに。元来、あんまりフィーバーするところじゃなかったのかな。

色川　ベッドタウンが遠くなったから、遠出してきて寄席にくるじゃない。昔は浴衣がけで下駄履いて行ったんだもの。だから、気軽に毎晩行ける。その関係もあると思うね。

立川　寄席演芸を大衆芸能だと思わなきゃ、べつに考えることも何ともないんで、てめえだけ好きなのをやってればいいんだけど、大衆芸能だと思うから……。

色川　昔も、大衆といっても、東京の落語は東京の下町中心の町の中であって、下町の旦那衆とか職人とか、はっきりした対象がいたわけね。いまのメディアは広がっちゃってるからさ。

立川　だけど、当時はタレギダ〔女義太夫〕にはエロチシズムを感じてフィーバーしたわけでしょう。それから、カジノ・フォーリー〔榎本健一が所属した劇団〕だとか田谷〔力三〕さんであり、エノケンでありというのはフィーバーしたわけでしょう。寄席というのはそういうところじゃなかったのかなあ。

色川　八丁荒し〔三代目神田伯山〕とか……。

立川　そういうのがいるわけでしょう。小勝じいさんとか、伯山だとか、虎造〔広沢虎造。浪曲師〕を入れてもいいかどうか……。

色川　虎造なんかずいぶんフィーバーしたね。

立川　したわけでしょう。だから、三平にはフィーバーしたし、歌笑もフィーバーした。

金語楼もそうだしね。昔の四天王だ、やれ三語楼だというのには、それがあったんでしょう。けど、それとミックスされてたのかしら、フィーバーする芸と。
色川　うーん。フィーバーするほうが刺身のつまになってたね、寄席の中では。
立川　ね。それはやっぱり、テクニックだとか人生とかという、聞かせることを主にしていた。フィーバーするくすぐりは刺激ですわね。くすぐりは話の中に二つぐらいでいいんだよとか、受けると、きょうは悪落ちしたなんというのを聞いてます。だから、当時小円朝師匠がうまいといわれていたというんだが何故だかちっともわからない。ことによると、四代目小さん流に言えば、この間死んだ彦六師匠はうまかったのかもしれないね。小円朝師匠を聴いても、彦六師匠を聴いても、まずうまいと思わなかった。間がわるい人だなと思っていた。
色川　でも、たとえば、いま金馬〔三代目〕なんか聴くと、あれはフィーバーさせてると同時にうまいね、やっぱり。
立川　先代の金馬？　うまいですよ。
色川　しかも、たとえば「居酒屋」とか「孝行糖《こうこうとう》」とか、ワーッとポピュラーにしていくじゃない。だから、両方もってた。
立川　もってたんでしょうね。今度も『現代落語論』のパート2みたいなものを書いてその中にも書いたんですけど、金馬は両方もってて、あれだけ頭のいい人が、何であんな変な現代語を使ったのか、あれだけがわからないんだ。

色川　「アルマイト思うでしょう」というのがあった。

立川　そのくらいならまだともかく、「南無阿弥陀仏と申しますというと、陰気でございます。お風呂でやっている方がいますな。いーい気持ちで暖まって、思わず欠伸と一緒にウォームダブ……。もったいないくらいでございます。もっとひどくなるとトイレでやってますな。ギィー、バタンというんですがね、ウーンなーむーあみだぶ。ひどいやつがある」というんだけど、トイレというのとギィー、バタンの差がね……。

色川　でもあの時代はそうだったような気がするね。水洗になりかわっていく、ギィーバタンでトイレと言ってたような気がする。

立川　一事が万事で「湯屋番」では「あなたは大変な道楽者だってね」「いえ私《あたし》ゃ道楽者じゃございません。ただ女の子を大勢まわりにはべらせて、あら、お兄さんそんなことしちゃあいやよってキュッとつねられるのが好きなの。大変な太陽族だね」って、こう言うんだね。これが、嫌で嫌でね。

その辺、三木助師匠は上手な使い方をしますよね。三木助師匠は見事だし、小さん師匠だってやるけどうまい。志ん生師匠だって「お血脈」の中で「明色アストリンゼントを塗ってる」って言ったんだ。（笑）あれがおかしい。それがね、いいんですよ。「湯屋番」で小さん師匠は女の子といろんな話をしよう、「これで朝鮮のほうの戦争も……。余りいい話題じゃねえな」って例の朝鮮戦争のころですね。「朝鮮のほうの戦争」という言葉で古典の中に同化できる。同化できない言葉を、あれだけ頭のいい金馬がなぜ使ったのか。弟子の小南さんにきいたら東京の寄席に出なかったから、地方へ行ってからだろうと言ったけど、しかし東京にきたらやめるぐらいのデリカシーのない人じゃないんですよ。

色川　東宝名人会の客がそういう客だったのかな。

立川　どうかなあ。それでもって安藤鶴夫、久保田万太郎たちは嫌ったわけでしょう。嫌うなら嫌えという態度だった。と同時に、さっきの悪童の話じゃないけど、だんだん横にそれてっちゃうってのかな。だけど、金馬師匠は寄席を本当に愛してた。市川の鈴本へ出るっていったの。あれ見て驚いてね。偉いなあと思った。それはノスタルジーもあるし、優越感もあるけど、普通自分からなかなかあそこには出ませんよ。ぼくにその料簡《りょうけん》があるからよくわかるんだけど。

色川　多少悪くなってから？

立川　なる前でした、全盛のころ。昔はテレビがなかったから金馬も映せなかったけど、今みたいになっていたら、金馬全国独演会がみごとにフィーバーしてるのがわかったろうね。

色川　ラジオでフィーバーさせたの？

立川　うん。

色川　あれはほかの落語家よりずっと強かったね。

立川　強いね。どこへ行ったって入ったのは金馬じゃないですか、ぼくに言わせると。その次は弟弟子の円歌〔二代目〕じゃないのかな。あとは入らないですよ。文楽師匠が地方へ行って入るわけがない。「相変わらずばかばかしいことを申しゃげて……」なんて言ったって、入らない。わからないもの。

ただ、寄席に入ってくる色物で、たとえば一雄・八重子だとか、笙子・美智子だとか、今の師匠とくっついちゃってるミッちゃんというの、あれは笙子・美智子といって途中から落語協会に入ってきたんですね。円歌師匠が連れてきた。円生師匠はそれを嫌がった。

色川　大江笙子というのね。

立川　新宿もそういうところがあって、また末広亭には浪花大関だとかシルバー銀というのが出た。シルバー金・銀という漫才だったのかな。

色川　そういうの、いたいた。それにしてもシルバー銀というのはおかしいね。

立川　もっとも殿様キングスというのがあるから、大して変わらないのかもしれないけど。

そういうのをなぜ出すのかと思ってたね。古典の中に入っちゃうのならまだいいんだ、丸一みたいにネ。

丸一を聴くでしょう。丸一のテクニックはつまらない、下手。染さんのほうがはるかにうまい。染之助〔海老一〕さんが一生懸命現代と取っ組もうとしてお客をフィーバーさせようとしてやっている状況もよくわかる。わかるけども、どっちかというと丸一のあの料簡が欲しいな。

「うまいさかなで酒呑んで、金の百万両もね、ちょいと拾いたい」「そいつは賛成だ」「半分分けてやろう」「是非ちょうだいな」「まだ拾わない」「おや、つまらない」「やれ、お気の毒」「なんだ、おい」っていうんだけど、「おや、つまらない」というのが好きだったね。「まだ拾わない」「おや、つまらない」

色川　小仙〔鏡味〕さんと相方の小金さんというのはよかったね。

立川　ね。「大層景気のいい話じゃないか」「百万両拾ったらだ」「何だ、たらか」「たらかしゃがる」「何だい、たらかしゃがるって」「でも、百万両を拾うでしょ。これを二つにポンと分けて、一つは自分に、あと一つはポンとあなたに」「くれますか」「やらないでしまっちゃう」それだけなんだよ。

鞠でもって「ワンワンワンワン」「小金さんってこわいね」「しばらく人間をかじらな

い」「何言ってるんだ。チンチンして、お廻り、お廻り、尻尾を振って」「尻尾はうち忘れてきた」「忘れちゃいけない」それだけなんだけどね、そんなことをいいながらやっている曲芸がね……。正岡容《いるる》さんも書いているけども、曲芸師にはいい茶番師がいて、茶番師がまたいい都々逸を歌ったと言ってましたね。

色川　曲芸師の相方は、茶番師の出なんだな。

立川　みんなそうなんですよね。

色川　亀造さんもそうでしょう。

立川　そうなんですね。だから、見事なの。駄じゃれをよくやっていた。漫才の原点が亀造さんにあったもの。「明るくなると出てくるの？」「あれは天道《てんとう》」「ああそう。昼間食うの？」「それは弁当」「手拭いもって行く所？」「それは銭湯」「おまえの兄貴？」「あれは強盗……ちょっと待ってよ、あんた」って、(笑) そういう漫才のあれがね。

千太・万吉さんにもあるよね。「よく観てくるんだヨォ」「芝居を？」「そう」「どっちの眼で……」「こっちの……あのネ、芝居は両方の眼で」「ああ、そうか。節穴は……片方」「はじまったな、また」と言うんだけどね。「仁義」というネタで「セーヌ川のほとりのブロードウェーの五番地でございます」「君、目茶苦茶だよ。やり直し」「ブロードウェー」「ちがう、ちがう」「セーヌ川」「ちがう、ちがう」「鴨緑江《おうりょくこう》は、朝鮮だね、ネェー」っていうんだ。千太さんが鴨緑江は……と言いかけて、間違いに気がついて万吉さんを見ると、ここで万吉さんが一緒に「朝鮮だネェー」と話すんだけどネ。そういうテクニックの間《ま》。
いまテクニックの間を楽しませるというのはないね。ダイマル・ラケットが死んじゃったから、いとし・こいし、しかいなくなっちゃった。たとえば、「おたくのアホな子と、うちの賢い子が」「ちょちょ、ちがう。あんたんとこのアホな子と、うちの賢い子」「そうやない。あんたんとこのアホな子と」「あんたんとこのアホ。両方ともアホやね」ってそのもってくる呼吸がね。
ぼくはぴん助・美代鶴は、まだあんまり枯れてないから好きじゃなかった。

色川　おれもそうなんだ。

立川　そうでしょう。ね、いまになってぴんさん、ぴんさんなんていってるけどね。

色川　いま貴重になってきたかもしれないけど、やっぱりちょっと生臭かったね。

立川　生臭くていやだった。千太・万吉はまったく生臭くないからネ。ぼくはミチロー・ナナ、だとか、それから司郎・喜代美なんというのは嫌だったな。ひろし・まりも最後まで生臭かった。いまはどうなのか知らないけど。

色川　大空ヒットというのも……。

立川　ヒット・マスミも嫌だったな。生臭くなかったのは光児・光菊でしたよ。でもその生臭さが新しい客を呼ぶのかも知れない。

色川　あれ観てる？　戦争後いたかな。

立川　いた。一時漫才がブームになって、万吉を会長にして、漫才大会をよくやりました。レギュラーが千太・万吉、栄竜・万竜、一歩・道雄それからヒット・マスミ、英二・喜美江か。若いところで道郎・昭二が入ってました。南道郎・国友昭二ですね。これはバリバリの売れっ子で、例の「タクワンポリポリ、お茶づけサクサク」ってネタをやってましたけどね。彼らが藤山一郎ショーだか何かの間に入って「金色夜叉」をやってて、みごとに場内を引っくり返したね。一路・突破はもう別れてたかな。

色川　一路・突破は別れてた。

立川　別れてたかもしれない。突破さんのほうが「ギョギョッ」で売れてたからね。

色川　一路と洋々じゃないの。

立川　別れて一路・洋々。一路・洋々がまた別れて、幸江さんを連れてきて入ってきた。フレッシュでしたね。あの人は美人で素人っぽくて、それがまたよかった。漫才オペレッタといっていた洋容さん……そのときはこの字になっていたが、若いころは二枚目だったろうし……。そんなところですね。ときどきメンバーが入れかわらないというんで、一雄・八重子もちょっと出してみたり、ミチロー・ナナもすれすれにいて……。

色川　あれ、ミチロー・ナナもいた？

立川　うん、いたんですよ。あの人のネタは馬の競走で、最後にばかな馬が舌を出したという、あんなネタなんだけど。

色川　あれ、戦争中、水兵服着てやってた水兵漫才だったの。

立川　ああ、そう。男女で？

色川　男女で。それで、アコーディオンもっててね。兵隊漫才っていうのがあったでしょう。あれのつまり裏の手で、水兵漫才で売れたんだけど、これも泥臭くてね。

立川　汚い。汚れだったね。その何回目かに光児《こうじ》・光菊《こうぎく》も大会で出てきたんですよ。おかしかった。そのときに観たんだ。

色川　やっぱりラッパ？

立川　ラッパです。ハンケチの手品やってみたりね。

いまの桂子・好江《よしえ》の桂子さんの亭主がマセキ芸能って、余興屋の大手なんですよ。芸能社に行くと、お中元とか、芸人からもらったのをたくさん積んであるんだ。こっちも仕事がないからそこから仕事をもらって落語をやるわけだけど、二つ目とはいいながら、十八ぐらいの餓鬼ですから、向こうではばかにして、顔を見て千円ぐらいくれたのを見て「このやろう。いまに覚えてろ」と思ったことがありましたがね。そういう連中と行くと、ラッパといわれた武田三郎・美佐子なんというのがいつもいた。天乃竜二・お駒……。

色川　うん、それはいた、浅草に。

立川「おれのかみさん」というネタね。「こいつ、おれの母ちゃんなんだよな」。何か言っても「かみさん、こいつは、オレの……」。それがネタね。それから小せんさんの仲人をやった荒川芳勝《よしかつ》といったかな……芳勝・八千代。染団治があのころの王様ですよ。林家染団治。

色川　染団治の系統はずいぶんいた。それから、東喜代駒《あずまきよこま》か、あの系統もいた。

立川　東喜代駒とその漫団というやつね。

色川　そこに喜美江さんもいたんじゃないの。

立川　そうらしいよ。

色川　それから、いまのダブルけんじもいたっていうよ。ダブルけんじの動くほうね。あれ、東《あずま》けんじとかっていうんでしょう?

　台所漫才っていうのがなかった?

立川　遇わなかった。話は聞いてたけど。

色川　大道寺何とかって、そんなのがいたね。

立川　うん。大道寺さんはいまの大江しげると一緒にやったんだ。だから、きっと大道寺さんの前でしょう。この辺の話は桂子・好江がよく知ってるでしょうね。実際にその一員ですからね。

相撲漫才があったでしょう。太刀村筆勇《たちむらふでゆ》とか。その娘が今の地下鉄漫才の三球《さんきゅう》・照代の照代。それが照代・淳子で少女漫才みたいにやってたね。アコーディオン弾いて、漫才は未熟だったけど、可愛いかったね。

色川　好江さんの親父さんは何ていうの。あれも漫才だっていうでしょう。

立川　うん。知らないんだ。

若手もいましたね。東喜代駒のところにいた東まゆみとか、若い女性同士でやってたな。いい口調でした。そのまゆみさんにミュージカルボーイズの志村と志おが惚《ほ》れて一緒になって、振られてね。

色川　ぼくの記憶は、大坊・小坊……。

立川　ああ、名前は聞いたことがある。

色川　中国人。それから、浪曲漫才がたくさんあったね。

立川　叶家洋月《かのうやようげつ》なんて知ってる？　洋月・艶子《つやこ》でやってたのね。後に悦朗・艶。

色川　艶子がよくしゃべるやつね。よくある形じゃない。一雄・八重子もそうだった。

立川　その大江しげると大道寺さんの漫才というのは、全部ちがってきちゃうという漫才ね。

色川　話が混線するの？　野球放送と相撲放送。

立川　そうじゃなくて。「時に明治〇年三月七日、水戸の浪士が殺された日に」「そう」「西郷さんが城山で自殺をした」「そのときに爆弾三勇士が出ていったそうですよ」――そういう次から次へと飛んでいって、おもしろかったですね。もっともそのネタ一つだけ……。

漫才というのは、片一方が間違える、それから思わず思っちゃうとか、パターンが大体五つ六つですよ、分解すると。それから、いま言った、両方がちがうことをしゃべっちゃう。

それからなぞるという演《や》りかた。「昨日、銀座を歩いていたらネ」「ああ、銀座を……」って、相手がもう一度聞き直して言い直してお客に印象づけといて話を進める、という演りかた。その辺のなぞりかたが見事なのがダイマル・ラケットですな。あの見事さというのは、なぞってるようだけど、常になぞりながらもう一歩前に進むんですネ。

大阪漫才は、東京に一時交流があったんでしょうね、学生で寄席に通ってるころよく観ました。

大阪漫才の系譜

色川　ぼくが子供のころは捨丸《すてまる》なんかは浅草に常時出ていましたよ。もちろん関西漫才だとは思っていたけども、東京に常駐してた時期があったのね。

立川　私はそのころ観たのが、捨丸・春代、光晴・夢若ね。「そのまた向こうに見えるのはぁ……」「合点抜かるな兄者人《あにじゃひと》ォ……」その調子のね。「空にゃヒバリがピョコピョコ」というやつ。「曽我の仇討《あだうち》」だ。それから轟《とどろき》一蝶・美代子がきてました。これはおもしろかった。「金色夜叉」で舞台を滑って行く。蔓《つる》だけの眼鏡をかけて、それをしぼる一蝶がおもしろかった。

色川　あのころのほうが漫才は多士済々だったな。あの乞食のやつ、何ていったっけ。

立川「おとろし家」〔佐賀家喜昇・旭芳子〕は知らなかった。喜ィやんといった。乞食漫才で、呉れ、呉れ、呉れって言うんでしょう？

色川　すごい乞食なんだよ。

立川　観たことある？　ほんとに乞食の恰好してるの？

色川　ほんとに汚い恰好してね。

立川　つまり、何か芸をやれと言うと、金呉れればやると言うんでしょ。とにかくもらわないとやらないというような乞食漫才。

色川　人気があったんだよ。

立川　あったらしいね。当人はすごいコンプレックスをもってたという話をだれからか聞いたですよ。

　私が前座になったころで、若き、いまの正司照江・花江がきましたよ。歌江さんは変なアバタ面の男とくっついて漫才をやってた。ヒロポンがどうのこうのって自叙伝を書いてるけど、それだと思う。これは、せこな漫才だったなと思ったけど、かしまし娘になってよかった。

色川　じゃ、妹二人でやってたの。

立川　そうそう。照江・花江でやってたの。スカートはいて、ギターで「奴さん」を踊ってみたり、そんなような漫才でしたね。それから大挙して第一劇場にきたんですよ。そのときにもう、かしまし娘になってましたね。捨丸・春代・松葉家奴《まつばややっこ》、右楽・左楽、つた子・梅夫、小円・栄子、タンゴ・タンバって、突破の弟……。

色川　あれ、突破の弟？

立川　弟なんです。

色川　タンゴはまだやってる。

立川　タンゴ・ひかるでやってるのかな。
色川　うん、ひかるかな。何かやってる。
立川　タンゴ・タンバがおもしろかった。嫌だったのは、例の松葉家奴。
色川　相方が喜蝶。
立川　うん。相方はそのころにはもう喜久奴《きくやっこ》だったね。
色川　右楽・左楽もつまらない。
立川　つまらなかった。右楽・左楽も嫌だった。せがれが友達だったけど、やっぱり嫌だったな。とってもいい人で、右楽さんの家に遊びに行った。せがれが秋山たか志ってコメディアンだった。
色川　秋山たか志って吉本新喜劇の……。
立川　あいつ。おかまになって自殺しちゃったっていう。何か変だね。合点がいかない。そんな感じはなかったけど。もっとも白木秀雄もそうなっちゃったというけどネ。
　それから、小円《こえん》・栄子が嫌だったんです。ところが、大阪で観たら抜群におもしろいんだね、この小円・栄子が。奴さんも右楽・左楽もそれぞれ東京で観るのとはちがう。お浜・小浜。お浜さん元気ですよ、ときどき電話くれるけど。私がお浜さんの大ファン。
色川　小円は女上位の漫才の一つの典型だね。

立川　うん、小円さんは二枚目。栄子さんはあの顔だ。小円さんはすごい愛妻家だったらしいけど。

色川　足の悪い人がいた。

立川　五條家菊二《ごじょうやきくじ》・松枝《まつえ》。亡くなったらしいね。この義太夫漫才、観ててわからないんだ。義太夫のいいところを両方で取りっこしているらしいんだけどね。でも、したたかな芸ということはよくわかった。

色川　Aスケ・Bスケはつまらなかった。

立川　Aスケ・Bスケも嫌だった。これだったら三平・四郎のほうがはるかにおかしかった。

色川　だけど、猿のほうのBスケが、えらい汚いところで、大盛りカレーとか、焼き鳥とかをやってるんだってさ、いま。それで「私は昔の銭になった時代から、どうしてこんなにつまらないおれたちの漫才が受けるんだろうと思ってたから、いまのほうがよっぽど気が楽だ」って言ってたって。なかなか、そこらはおもしろいんだ。

立川　へえ。Bさんというのは、軽佻浮薄《けいちょうふはく》で、始末が悪いやつだと思ってたけどな。

色川　楽屋も？

立川　楽屋で。

色川　じゃ、年取ってからそうなったのかな。この間、矢野誠一が言ってたけど、Aスケのほうはいまだに、ちょっとBちゃん、仕事があるんだけどって、未練があるらしい。だけど、猿のほうはもういかないんだって言ってた。

立川　玉枝・成三郎《なりさぶろう》って看板がこの間あったんだ。

色川　成三郎というのがいたね。

立川　うん。馬漫才。女が玉枝。モロタ玉枝。ヒロタ成三郎。ヒロタにモロタなんだろうな。

色川　ああ、そうか、ヒロタにモロタ（拾ったにもらった）か。

立川　きっとそうだと思うんですよ。ぼくは向こうの柳次《りゅうじ》・柳太だとか、はんじ・けんじというのは嫌いだった。あれがいい漫才なんていわれるとチトちがう。やっぱり、いとし・こいしはよかったけど。

色川　そう、いとし・こいしはね。はんじ・けんじは、いと・こいの後という感じで……。

立川　かっこうだったけど、ぼくは余り好きじゃなかったな。ツタ子・梅夫だとか、バイオリン弾いて、〽ツタちゃんの細目、って弾くあれだとかね。

色川　あれもいまとなったら、ちょっと時代錯誤があり過ぎて、なかなかいいよ。

立川　よくそういうところを知ってるね。浅田家《あさだや》寿郎《じゅうろう》とか、寿郎・田鶴子《たつこ》だとか。花蝶・勝美、一輪亭花蝶ね。
色川　何せ学校で教えないことは大体知ってるんだ。
立川　どうして？　関西で観てたわけ？
色川　いや、吉本の小屋があったのよ、昔は。だから、関西の連中が常時……。
立川　中川三郎なんか何やってたの。ポケットミュージカルみたいなのをやってたわけ？
色川　吉本ショーといってたけど、まあ、ポケットミュージカルに近いね……。中川三郎が花月に出てたころは知らないの。ぼくが観たのは、松竹楽劇団に居たころ帝劇に観に行った。
立川　そうすると、例の新興〔新興キネマ演芸部〕に行っちゃったから、あきれたボーイズなんかは関係ないわけ？
色川　そうそう。あきれたボーイズも新興に行ってからのは観てるけどね。戦争中に東京にきてたから、それこそ第一劇場とか。
立川　そうすると、スターは三亀松《みきまつ》〔初代柳家三亀松〕さんですか。
色川　三亀松は新興に行かなかったんじゃない。
立川　行かない。吉本の小屋では他には？
色川　うん。それからサクラ・ヒノデね。ラッキー・セブン。サクラ・ヒノデの女のほうは健在なんじゃないかな。

立川　いや。それの娘が丘みどりかな。

色川　丘みどりって何？

立川　丘みどりって、声優をやったり女優やってたり、一時新喜劇に入ってた。たしかサクラ・ヒノデか何かの漫才と、上田五万楽《ごまんらく》の娘だな、きっと。当人がそういってたから……。

色川　東京でも、地方には行ってるんだろうけど、浅草にしか出ない、そういうのがあったのよ。普通の色物寄席に出ないと、浅草でしか観られないというの。たとえば、体技の旭天華一行とか、三浦奈美子とか、大津お万とかね。

立川　大津お万は知ってるけどね。

色川　黒田幸子とか、あるいは曲乗りの木村義豊とか奥野イチロウ・ジロウ……。江川の小マストンがまだ健在なのね。

立川　うん、小マストンは生きてるよ。

色川　そういう、浅草でしか観られないというのがいっぱいあったんだな、あのころは、ヤジロー・キタハチ。

立川　ヤジロー・キタハチは漫才大会に出てた。

色川　これは松竹の漫才大会。
立川　丸の内権三《ごんざ》・助十というのはどうだったの?
色川　丸の内権三というのは、そういえば居たけど、観たことないね。
立川　ぼくはラジオで聴いて、いい口調だったな。
色川　これは東宝名人会にも出てたよ。名人会の昼席で色物選抜の東宝笑和会とかそういうのに。
立川　そうでしょう。とってもいい。この権三・助十というのは二人で物真似をやるんですよ。
色川　ちょっと一路・突破的なところがあるんでしょう。
立川　そうですね。わりと都会的な漫才だった。丸の内権三・助十って、名前のつけ方もセンスがいいなと思ったな。
色川　シカク・マンマルというのがいたね。シカクが出征して、それで波多野栄一が代りに入って栄一・マンマルになって、これが栄一さんが一番売れてた時代でね。東宝名人会にも出てたしね。ニュース漫才だった。
立川　ラッキー・セブンは東京にいたの?
色川　あれは吉本から新興に行ったの。時事漫才で売れてたけどね。これは、相方がやっぱり戦死しちゃったの。

立川　戦後、五九童《ごくどう》・ラッキーで組んだことがある。こっちが大阪弁で「痛いなあ」なんて言うと、相方は東京弁でね、とってもおもしろかったです。

色川　ラッキー・セブンは余りおもしろくなかった。滑らかではあったけど、ちょっとトップ・ライトに似てたね。

立川　私が小学生のころ、貸本屋から引っ張り出した中に、それらの漫才が全部ほんのわずかずつのってるの。

色川　台本が出てるの？

立川　うん。名前見るだけでも楽しいんじゃないかなという。その本、うちにもあるんじゃないかな。今度、もってきます。

それと、エンタツ・アチャコの漫才集を読んでておもしろかったな。

色川　エンタツ・アチャコは映画でしか観たことないんだな。ぼくの子供のころは一人ずつ別々に座長になって芝居をやってたね、吉本新喜劇みたいな。相棒が一人ずついるのよね。

立川　そう、アチャコ・今男、エンタツ・エノスケでしょう。

色川　そうそう。その二人を頭にした芝居だった。

立川　それで、必ずトリネタをもってましたよね。アコーディオンを弾きながらハーモニカをやるとか、合奏するとかのネタをね。

浅草に富士一郎というのがいたな。それから、中村音之助というのを知らない？

色川　思い出さないなァ。中村目玉・玉千代というのがいたね。浪曲漫才だ。これ、よかった。

立川　それから、顔じゅうキセルをぶら下げる竹の家雀右衛門。

色川　ああ、いたいた。雀という字を書くのね。それで、ポロポロッと落っことす。ぼやいてばかりいてね、これがおもしろかった。

腹話術、手品の芸人たち

立川　アコーディオン弾きで中島日出子って知らない？　少女で松竹演芸場なんかで歌ってた。人気があったんだな。

色川　ああ、いたね。

立川　三十七の声なんていっていた声帯模写のワタナベ正美。三十七どころか一つも出ねえって、ＴＢＳの出口さんが言ってたが……。

色川　あれ、どうしたの。片仮名のワタナベだ。

立川　そう、どうしたのかね。受けてましたよ、当時。赤ん坊の泣き声をやって「オギャーオギャー、焼酎をくれって」、これでトリネタなんです。つまらないね。これはサンケイホールか何かで会をやったって。お客が○○地区、○○地区なんて分けて書いてある。豪華なもんだったが、それっきり居なくなっちゃった。何だか変な人だね。

それから、いまの三和完児が松浦俊雄っていってましたよ。戦争中から戦後、うちのほうに演芸団がきたんですよ。松浦俊雄というのがギターを弾いて歌って喋る。これが嫌みなんだが、いま考えれば新し過ぎたのかもしれないけど、水洗便所の流れる音なんかやるんだが、ぼくなんか観たことないもの。シャーシャーッなんてやるんだけども、（笑）知らないもの。

色川　三和完児って、おれ腹話術だと思ってたなあ。

立川　ギター弾いてましたよ。

色川　腹話術もやってたよ。

立川　ああ、そう。腹話術では、耕田実が好きだったけどな。名和太郎ってうまかったですけどね。池袋で演芸学校をやってます。

色川　木下朴児《ぼくじ》なんて知ってる。

立川　ああ、木下朴児ね。木下朴児はＴＢＳで「トンチ教室」の向こうを張ってユーモア何とかというのをやったんですよ、それの司会をちょっとやってたことがあったなあ。

色川　あれは元活弁〔活動写真弁士〕でしょう。

立川　そうかもしれない。お題話で墨汁が出て、留さん（先代桂文治）〔九代目〕は木下墨汁ってそんなことだれもわからないって言ったんだよね。（笑）

春風一郎、これはまだいますね。腹話術はずいぶんやった。まだいまいる松井明と、マギー信沢、この弟子がいまのマギー司郎というんです。松井さん、信沢さんとどさ廻りをしたことがあるなあ。

色川　手品は一番食いやすいんだって、売れなくても。

立川　そこそこ地方の仕事がある。いま余興を組むでしょう。たとえばぼくがいて円楽がいると高い。だから必ず手品を入れるんです。スミエ〔松旭斎《しょうきょくさい》〕ちゃんだと高いから、そこまでいかない、美智・幸とか、一応きれいでしょう。それで、済んだら怒るだろうな、同格に見えるけど安いんだ。あそこで抜くんだな、収支のバランスをはかる。

手品でね、昔、天勝《てんかつ》（松旭斎）が多摩川園劇場に立てこもってましたよ。多摩川園劇場って、いま考えるといいのをやってた。

色川　天勝の若いほうのね。

立川　踊りのほうの天勝。踊りの天勝っていわれてた。そこにいまの天春（松旭斎）さんなんかがいました。カードを出すやつをやって、うまかったですね。きれいな人でね。山本礼三郎が立てこもったり、木戸新太郎がよく出てた。坊屋太郎なんかがいました。

木戸新のときに全員が並ぶ、踊子も並んで順に名前を自分でいってくる。一番はじの娘《こ》が最後に名前を言うの、空ひばりですって。そのうちそれがストリッパーになった。きっとあの娘じゃないかと思って、ちょっと悲しかったけどね、かわいい顔してたんだけどね、子供心に。

色川　空ひばり、って丸顔の娘ね。

立川　そうそう、丸顔のポチャポチャっとした。

ある時うちのおふくろが多摩川園に観に行ったら、落語家でおもしろいのが出てたよっていう。いま考えると小金馬〔のちの四代目金馬〕なんだな。「じゃ、○○さんを紹介します」って、自分が出てきたというんだね。昔、よくやる手だね。紹介した奴もされる奴も客は知らないんだから「これから有名な○○さんを紹介します」と言っておいて本人が出てくる。客はキョトンとしてる。やっとわかって受ける、というやつ。幕が開かないと、観客《きゃく》はイライラしている。そこで陰マイクで放送をする。「大変長らくお待たせいたしました」といって、客がワッというと「もうしばらくお待ちください」って、それで十分ぐらいつなぐ。

幕を開けるときにピリピリーッと笛を吹くのを知ってるやつは余りいなくなってきた。なんかのときに、「笛を吹こうか」といったら、桂子・好江が引っくり返って、「何でそんなのを知ってるの」って言ってた。「松竹演芸場おなじみの桂子・好江さんです。はいッ、万雷の拍手を」。必ずこれは余興屋がやるんだな。事務員が「では、どうぞ」ピリピリーッと吹いて、自分で幕をワーッと開けるんだね。（笑）

色川　小金馬も腹話術をやってたな。

立川　ああ、おもしろかった。小金馬の腹話術は好きだったけどね。

色川　同じような顔をしてるのがいる。

立川　小金馬の人形はター坊っていったっけな。

花島さん（花島三郎）のは口がパクパク動いちゃって、あれはいけませんよ。でも、人間的にはとっても常識的な頭のいい、ちゃんとした人なんですけどね。

色川　花島三郎のおかみさんが、いまの……。

立川　スミエちゃんがあれにカかれちゃったのが運のつきだとみんな言うんだ。スミエちゃんというのは天才的な芸人だとぼくは思ってる。いまの手品師はみんなスミエちゃんの影響でしょう。その前に松旭斎良子というのがいたんですよ。隆鼻術に失敗しちゃったんだって自分で言ってた。スミエちゃんはたしか松旭斎良子さんの弟子ですよ。

色川　松旭斎、松旭斎って、だれがどれってわからなくなっちゃうんだ。

立川　うん。聞いたら、天勝は、初代の天勝がいて、その天勝の跡目を取りっこになって二人になるんですね。私が多摩川園で観たのは踊りのほうの天勝で……。

色川　二人いたわけ？

立川　天勝が二人いた。そういえば、大阪にもワンダー天勝というのがいました。

色川　まあ、大阪と東京じゃね……。

立川　ええ、いいけどね。東京にたしか二人いた。

色川　柳枝もいたしね。

立川　ああ、三遊亭柳枝ね。柳枝さんが蝶々さんの最初だかの亭主だというね。でも、ぼく嫌だった。三遊亭柳枝とは何事だと思ったけどね。別にどうということはないのかもしれない。だけど、私だってアダチ龍光って名前に馴染むまで時間がかかりましたよ。

色川　名前に？

立川　名前もそうだ。柳好という名があったから、春風亭柳好に向かって何事だというのもあったし。それから龍光先生のよさがわからなかったのか、まだまだ龍光の芸を発揮できなかったんだな。

色川　だって、昔の擬声漫談のレコード聴くと、ほんとにつまらんものね。晩年の間《ま》が全然ないからね。

立川　だからぼくは正楽さん（林家正楽・紙切り）なんかは安心して観ていられた。楽屋ではいやな爺だって、そこらは知らないものね。

色物は、芸術協会はいいっていわれてましたね。山野一郎、牧野周一、李彩、色奴・小奴、三亀松さんがよく出てたでしょう。あと、ぴんさんと、ひろし・まり。

色川　亀造もいたし。

立川　亀造、菊次ね。

色川　雛太郎というの、あやつり踊りの。

立川　雛太郎がいましたね。

色川　あれは何雛太郎なの。

立川　柳亭雛太郎だ。

色川　やっぱり落語をやっていたわけだね。

立川　踊り。

色川　最初から踊り？

立川　左楽一門に入ったの。だけど、おれ、つなぎで小噺をやってたのを聴きましたよ。何だか無駄が多くておもしろくなかった。紳士がハンケチを前の人が落っことしちゃって、と言ったら、思わず自分のワイシャツかと思って入れちゃったという西洋の小噺、そんなのをやってましたけど、つまらない。

それから、玉治〔のちの四代目春楽〕がつなぎで「目薬」を聴いたけど、これもつまらない。

色川　玉治がやったの？

立川　うん、それから、いまの小せん〔四代目〕さんのお父っつぁんの小満んさんに……。

色川　あれは落語協会でしょう。

立川　そう、こっち。だれかが、百面相はつまらないとか何とか言ったんだな。意地になって落語をやってたときがありましたよ。これがおもしろくない。「嘘つき村」をやったり何かやってましたよ。

色川　いまだに不思議なんだけど、戦後は芸術協会のほうが客が入ってたのね。ぼくなんかが見ると、落語協会のメンバーは文楽、志ん生だというのに、どうして芸術協会のほうに客が入ったのかと思って。

立川　わかんない。ぼくは落語協会のメンバーを並べて組ませたら、はるかにこっちのほうがと思ったくらい。

色川　新作が多いということなのかな。

立川　だって、左楽さんが別格で、柳橋、小文治、柳好、今輔でしょう。三木助、可楽、円馬、円遊、枝太郎、痴楽、あとはもう米丸になっちゃいますから、若手になっちゃいます。落語協会は文治さんが別格で、文楽、志ん生、円歌、円生、正蔵、柳枝、右女助、小さん、馬風、さん馬、円蔵、小円蔵、円鏡ですよね。

色川　中堅どころもいいしね。

立川　ねえ。講釈は、落語協会のほうに貞吉、貞山、貞丈が出てたね。向こうは馬琴先生と小伯山〔のちの二代目神田山陽〕でしょう。

色川　南鶴（田辺南鶴）なんかも……。

立川　南鶴さんというのはおもしろい。軽くてぼくは好きでしたけどね。いまの一鶴の師匠。

色川　にこにこしててね。

立川　ええ。枝太郎さんとか正蔵師匠とかと未年で同い年らしいですね。

能がない芸もまた一興

色川　さっきの歌謡曲だけど、菅原都々子《つづこ》なんて寄席に出てたね。

立川　そうかもしれない。

色川　東宝名人会でも、神楽坂演舞場とか神田立花とか、その辺のところに出てました、伴奏がアコーディオンだけで。まだ『月がとっても青いから』で売り出す前。ああいう歌謡曲なんかもいたんだよね。

立川　そうです。大川喜代志というやつが、ドレミファバッテリーなんといって入ってきた。おもしろいのは、私なんかが余興に行くと、最後は歌謡曲が出るのね。その前唄に聴いたこともない人がいるわけ。いい年なんですよ。水戸光一がいた。結構その道の人には知られていたらしいけど……。

色川　前歌でベテランになっちゃった。

立川　なっちゃいますね。横山町で、宝塚の鳳《おおとり》八千代のお父つぁんがその辺の繊維問屋の大元なんだ。そこへ屋台を組んで、私が司会か何かで出たことがありますよ。そのときにやっぱり歌謡曲が出て、最後に若山彰が歌ってましたけどね。トリ歌は『あばよ』って……。

色川　若山彰というのは……。

立川『喜びも悲しみも幾歳月』。『タンカーの男』がいいんだ。〽おいらタンカーの　んふうんっていうの。

色川　歌謡曲なんかでも、やっぱりその時代、時代を思い出すからね。

立川　うん。この間、鈴村一郎の『ジープは走る』見つけてきた。なつかしいな。「ハロー、ハロー」というやつね。その辺は松平直樹が詳しい。
島田磬也《きんや》の本を読んでたら、エピソードで『男一匹』の歌の石松秋二が、ある日、自分の下宿に帰ってきたら、自分のメモ帳を見てるんだってさ。「何するんだ、このやろう」「兄さんの民謡調軍歌があまりにもうまいから勉強しようと思って」「勉強だか何だか知らないけど、人のものを無断でとんでもねえ」と言った。そんな一幕があって、そのうち「出来た、出来た、兄貴よりうまいのが出来た」ってきたんだって。見て唸っちゃったというんだね。これが『上野駅から九段まで』って書いてある。「これはおめえにはかなわない」と言ったというエピソードが出てましたけどね。
未だに影響があるでしょう、あの詩は。『雨の九段坂』もそうだし、『東京見物』も、みんな……。
色川　戦争中に浅草のバラエティーに絶対あの歌が出てくるのね。浅草の小劇場のレビューで。またあれをやると受けるんだよ。だから、戦後の『浪曲子守唄』みたいな、ああいう感じのもので、ちっとも戦争賛美の歌じゃなかった、あの受け方は。
立川　新宿末広亭というのは、親父が人がいいの。浪花大関みたいな、何だかわからないものを頼まれると出すんだな。

色川　協会に入ってなくても出られたの、そのころは。

立川　色物はときどき出られたね。前座の次、二つ目ぐらいに上がるんだからね、いい色物を引っ張ってくるんなら別ですよ。泣きつかれると出しちゃうんでしょうね。浪花大関のネタで呼び出しをやるんだけど「若乃花と象の鼻」っていうんじゃ嫌だよ。何かもっとありそうなのに……能がなさ過ぎる。「鏡里に鏡餅」だって。（笑）くだらない。でもあそこまで能がないとおもしろいね。見事に能がない。

色川　名前だけいいんだね、浪花大関というの。

立川　ああいう能のない芸人というのがいたんだね。

色川　それから、ほんとに餅をついて何人かの一座で各席に配った餅つきショーで浪花大関と似たような名前のやつがいた気がするんだ。

立川　餅つきショーは、キャバレーが全盛になるでしょう、あの辺で受けていた。曲芸師はまず戦後は進駐軍の需要があったから、やれキッチントリオだとか翁家トリオだとかいうのはみんな進駐軍のキャンプに行ってましたね。その後、色物も……ていっても私たちも色物といわれていたが、キャバレーへ出るようになった。キャバレーに出たのは、色物では小野栄一あたりが最初なんですね。小野栄一とか私とか牧伸二。当時、キャバレーのショーというと、みんなストリップに決まってた。それもあきられちゃって、それからみんな出るようになってきたんじゃないかと思う。私は小野栄一の代演が最初だった。

三平さんは最後まで出なかったですね。最後には出るようになったですけど、最初は出なかった。キャバレーは砦《とりで》として置いておくんだ、みたいな……。でも、銀座の『モンテカルロ』か何かに出てた。

それから、春楽は知ってるわけ？　玉治の春楽の前の春楽〔二代目〕、声色の……。

色川　かすかに聴いた覚えがあるんだけど、ちょっとあいまいになってるね。

それから、剣舞の源一馬とかね。

立川　ああ、一馬はぼくは知らないんだなあ。あれ、戦争で死んじゃうわけ？

色川　いや、戦後もいました。戦争中の剣舞のころじゃなくて、戦後、中風になっちゃう。身体が余り効かなくなってから、立ったきりで上半身で小唄ぶり、それがよかった。あの人、踊りうまいからね。明治の下町の色男みたいな顔してるじゃない。

立川　いい男だったそうですネ。もてたらしい。

色川　風格もあったしね。

立川　東富士郎なんか覚えてますか。

色川　うん。

立川　私は最後まで文通してたんです。

色川　あの人も亡くなっちゃったかね。

立川　亡くなりましたね。聞いたら、富士夫さんときょうだい弟子なんです。東富士子という曲芸師の自分は弟子だって言ってた。

色川　東富士夫さんは、いまとなっては貴重だね。

立川　そうですね。

　三八なんというおばさんがいたの知らない？　二つ目に上がって、民謡を歌ってた。民謡というか端唄《はうた》だね。『キンライ節』だとか、『木更津甚句《きさらづじんく》』だとか……。太ったおばさん。

色川　歌子っていうのは知ってる？

立川　知らないんだ。例の……。

色川　桂歌子。

立川　桂歌子？　花園歌子……。

色川　花園歌子は正岡容のかみさん。

立川　うん。

色川　そうじゃなくて、寄席で二、三番うまく踊りを踊って、口利かないのよ。幕が締まると、楽屋で「お世話になりましたッ」というすごい声が客席じゅうに響いちゃう。

立川　その後出なくなっちゃった人、橘家扇三《せんぞう》という落語家《はなしか》。このあいだ、話さなかったかな。

色川　おれ、知らないな。

立川　いま、どこかにいるらしい。

色川　紙切りで円雀さんというのはどうしたの。

立川　円雀さんは亡くなった。いい人でね、中風になっちゃった。切れないんだよ。こっち（左手）で押さえて切ってたけど。

色川　紙切りが中風じゃ困るね。

立川　うん。それをよせばいいのに、鈴々舎（馬風・先代）（自称九代目）が「ラリルレロって言え」って言うんだよ。（笑）失礼だよな。「レレ……」「ラリルレロって言えよ。このやろう」って。人がいいから円雀さんが「ラリルレロ……」って。わるいやつだね、あの人は。

だから、いまの紙切りを何とか新しくしようとして、花房蝶二《ちょうじ》なんかが立ち上がってジャズでやったりするから、限界だっていうんだけどね。

色川　マンガ太郎なんて……。

立川　マンガ太郎いますよ、いま。いまのは若いほうだ。

色川　じゃ、二代目か。

立川　二代目でしょう。
色川　あの手はなくなっちゃったね。
立川　なくなっちゃったね。むしろ一時、春田美樹がよくやってたですけどね。あれは画家になっちゃってバルセロナだかあっちのほうにいるらしいんです。スペイン。
色川　それから、水森亜土《あど》なんかもやってたんだ。
立川　亜土もね。あれは森文江っていって、身近にいた子なんだけどね。それから、三遊亭かな、一光。傘の曲芸。一光さん、よかったなあ。
色川　そうそう、いたいた。
立川　覚えているのは、全部踊ると、最後に足できれいに間に線を入れて傘をしまうのを観ました。足芸ですよ。足芸で傘を一本……。その傘を、スポーンと向こうへほうったやつが、スッと返ってくるところがとっても魅力的だったね。
色川　ぼくは、傘で廻すネタかと思った。
立川　足で「春雨」を踊ってました。
色川　いつごろからいなくなったのかな。
立川　みんないなくなっちゃって。
色川　自転車曲芸もなくなったな。

立川　リリー横井というのがフランスで大当りしたって。いまどうなっちゃったのかね。いま自転車何とかブラザー、横山ホットブラザーズかな、あれもいいですよ。
色川　変った自転車に乗るやつ？
立川　うん、小さいのがあったり。世界に通用するのは、いまロイヤルスポーツでしょうね、トミ譲二。
色川　それから、ヘンリー松岡っていうの、昔、格上だったな。大げさな綱渡りする。
立川　ええ、それが、どういうわけだか、寄席関係の楽屋帳が配られてくると、必ずヘンリー松岡が入っていましたよ。
色川　寄席に？
立川　うん。出てるわけじゃないんだけれども、ヘンリー松岡の名前が入ってた。あの人は興行屋をやってたんだ。だから、興行師のほうのあれかもしれない。ヘンリー松岡の舞台は観てないんだ。
色川　松竹座とか国際とか大きいところに出て、客席の向こうの天井まで綱がきて、そこで綱渡りをする。それが、真っ白塗りの天勝を男にしたような厚ぼったい化粧でね。戦後もちょっと出てたけど、あのころに、あの色男は明治だなと思われたような顔をしているんだよ。

そういえば、思い出したけど、さっきの前唄の東海林次郎というのがいて、これが東海林太郎の弟だという。顔がそっくりで、どうしてあんなふうに似ちゃったのか、眼鏡も同じ眼鏡をかけて、髪の毛も東海林太郎の髪で、体つきも同じなのよ。それで、東海林太郎の歌を歌う。だから、どこまでいってもイミテーションで、もうちょっとちがう恰好してやる気はないものかと思ったくらいだ。お祭りとか、そういうところには出てくるんだけども、どうしても浮かび上がれないという、東海林次郎というのがいたな。

立川　そういうのがいたんだろうね。近江俊郎さんだって最初《はな》はそうだったんだっていいますからね。売れなくて売れなくて。

色川　みずから好んでマイナーになってっちゃう感じだな、その東海林次郎なんか。

立川　東海林次郎という名前がいい。

　さすがにおれは猿廻しは嫌だったな。

色川　猿廻しが出たかね。

立川　ええ。一時モンキー三平なんというのがいた。猿廻しそのものが嫌なんじゃなくて一緒に出るのが嫌だった、一緒にするもんじゃあない。向こうにもワルい……。

一芸に生きる執念

色川　女道楽というのもなくなったね。人形さん（博多家）……人形・博次といってね。

立川　なくなっちゃったですね。私のころはお鯉・鯉香でやってましたよ。それから別れてお鯉・人形になった。人形さんのほうがはるかに上ですけどね。人形さんもお鯉さんも死んだね。

西川たつさんの場合は女道楽といわないで、浮世節っていう。品はいいけど、当時若かったから芸はよくわからなかった。

色川　でも、いまテープで聴いても……。

立川　素晴らしいね。亀松さんが町田たけしっていって、バイオリンを弾いてたのがおもしろかったですよ。

色川　亀松さんというのは、いまの三亀松（二代目）になったんじゃないの。

立川　三亀松になっています。「いまの世の中ながめてみれば、不思議でわからぬことばかり。鉄筋コンクリートの建築技師の住まいを訪ねて拝見したらば、木造の借家に住んでおります。警察官の住むうちの隣に泥棒が住んでいた。電車も色々あるけど、不思議な電車がありまする。材料の上から、経済上もいつも無駄だと思うのは、浅草と上野を走る地下鉄の電車に屋根がある……」（笑）マイナーで、おかしい人だと思ったね。えらいマイナーでね。町田たけしを発見したときは嬉しかった。

色川　近藤志げるという人は何なの。

立川　あれはおれが連れてきたんだ。元、阿部武雄と流しをやってたって言ってたよ。『国境の町』をつくった阿部武雄と。

色川　じゃ、ずいぶん年だね。

立川　うん、年ですよ。古いこと知ってる、あいつ。

いま思い出したけど、亀松さんのお父っつぁんがシナ人の手品師だっていってた。何ていったっけな……。わりと知ってる名前ですよ。私も聴いたことがある。だから、うちのおっ母さんは、ほんとに饅頭《まんとう》なんか作り方うまいよって言ってたね。前に余興で手品をやってくれましたよ。飲んだ水が増えてくるのがあるでしょう。あれ、飲みこんだ水をもう一度コップにもどすんだってね。いやな手品だ。

李彩は先代〔初代〕を知ってるわけ？

色川　知ってる。知ってる。

立川　見事？

色川　見事、見事。

立川　そうだろうね。
色川　李彩（現・李彩）〔二代目〕は、まだほんの助手だったからね。そのころ。
立川　おれ、いまの小李彩《ちい》はうまいと思わないもの。お父っつぁんのほうがはるかにうまかったでしょう。
色川　お父っつぁんのほんとの真似だね。
立川　話に聞くの、腹のまわりをさして、「コノナカニ、ナニモナイ、アルノハウンヽ、コタケ」と言ったっていうけど、（笑）ああいうのはおかしいやね。
色川　ドンブリ出すやつね。
立川　この間、上海で観たよ。本家本元を観たけど、余りおもしろくなかった。
色川　ほんとにシナ人なの？　そうすると、親父さんは。
立川　だけど、東京生まれでしょう。
色川　向こうで習ってきたの？
立川　どうなのかね。
　リングはチャイナ・リングというくらいだから、あれはシナからきた。日本で出来たのは水芸だけですってね。指抜きはどうなのかね。天勝の売り物だったが……。四つ玉のことはシカゴ玉っていうでしょう。

色川　大阪の紙の蝶々を飛ばすのは日本風だな。
立川　あれは日本です。死んだ都一《といち》がやってた。一蝶斎都一。これは一度東京へきましたよ。私は楽屋から観てますよ。人形町末広の……。京都の階段から落っこって死んじゃったっていう。
色川　何年か前に、弟子か何かかもしれないけど、まだやってるのがいたな。
立川　正一というのと、帰天斎正一……帰天斎じゃないな、一陽斎正一かな。それから、一人爺さんがやっていた。名前を忘れて申し訳ない。この間スミエちゃんがやってたけど、あんまりおもしろくなかった。
　都一さんは見事でした。都一さん、それを観せといて、今度はミリオンカードをやりましたですよ。カードが幾らも出てくるやつね。あれも見事でしたね。スマートで、最高だった。あんなうまい手品師って観たことなかった。
色川　体技の寺島玉章《ぎょくしょう》・茶目というのは日本人かしら。
立川　どっちかがちがうんだよ。茶目さんじゃなくて、玉章さんがシナ人かな。茶目さんは葉書の応募マニアで、葉書をこんなにもってるんですよ。何でも葉書を出すの。オートバイをもらったり、自転車をもらったりね。
色川　わりに看板大きかったよね。

立川　大きかったですね。ぼくらと一緒に東宝名人会なんかもその後、出てましたね。それから、松旭斎円右？　コミックをやって、カツラの頭から煙を出したり、アメリカンスタイルで西部の投げ縄をやったりする。輪をだんだん大きくして頭の上でふり廻す、あれネ……。

　アール・ボンベエなんて知ってる？

色川　アール・ボンベエっていうのはどこかで観たな。

立川　おれ、知らないんだよ。訪ねてきたよ、寄席の楽屋へ。あれがアール・ボンベエだよっていってた。

色川　アール・ボンベエというのは吉本系に出てたような気がするなあ。ハーモニカの葉茂狂児。

立川　ハーモニカといえば、立花に出てたハーモニカの何といったかな……。ハーモニカで出てたでしょう、戦後まで。ハーモニカ吹きが神田の立花なんかに出てた。

色川　葉茂狂児。

立川　そうじゃなくて、もう一人、普通の名前。松平操じゃない？　一人でやったらしい。ぼくは観損なっちゃったんだけどね。

色川　指笛の田村大三というのはまだ生きてるかな。

立川　生きてますよ。この間、電車の中で寝ようとしたら隣にいて話しかけられちゃってさ。「田村大三ですよ」って「ああ、どうもしばらく」って。先生、途中でおりたんだけど、おりるとき乗って行く私にホーホケキョって窓越しにやるの。（笑）それがドアが閉まっているのに見事に車中までピーンと入っちゃう。いい音してる。いい人だね、あの人は。

色川　健在なんだな。

立川　ええ。

　ぼく、いまの助六〔八代目〕さんの「踊り試合」というのが好きだったんだけどなあ、いまやらないかねえ。

色川　踊り何？

立川「踊り試合」というのね。こっちには二人いて、こっちにも二人いるわけです。四人か五人でやるんですよ。それに、ペナルティがあって、「手拍子がいけない」、それから「くるっと廻ってはいけない」とか、そういう決まりがあるよね。そういうのを決めて、雷門六郎という助六さんの弟が狂言廻しでチーンと打つと曲が変わる。それから、ドンと太鼓だとこんどは踊り手を変える。必ず助六さんは寝てるところからはじまる。寝てるのが、起き上がって、電気の球をひねるところから踊りはじまるの。バカバカしくてね。それで、しまいにはチンだ、チンチンだと、やたら曲を変えてされる、いろんなのをやるわけ。どうやっても違反しないんだ。磯節やろうが、よさこい、あばよ、またこいとかね。（笑）これがうまいんだ。実にうまいんだよ。見事だったね。

色川 あの人は雷門五郎の時分にどさ廻ってたから、そういうのはきっといっぱいネタがあるんだ。

立川 あるんでしょうね。誘ったらしい、文楽師匠に。役者になりなさいって言ったら、文楽師匠は出来ないから断ったという話がある。いろいろある。ホントにいろいろある。

（『寄席放浪記』廣済堂出版 一九八六年／
『色川武大 阿佐田哲也全集14』「寄席放浪記」福武書店 一九九三年）

対談　まず自分が一人抜きん出ることだよ

化けるということ

色川　化けるという言葉がありますが、つまり化ける人を、当初化けない前から予測できるもんですかね。

談志　たとえば三平さんの場合、文楽師匠が「あれは化けますよ」って言ってたね。だけど、そうとしか言いようがないから、言ってたのかも知れない。ただ、まとものやつからは化けるということはあり得ないというのがあって、あれはまともじゃないから、ことによると化けるかもしれないと言ってたのかもしれないですね。だが、文楽師匠の言った通り三平さんは見事に化けましたね。円蔵も化けましたな。

色川　だけど、当初からその要素が三平も円蔵もあったんじゃないのかな。そうでもない？

談志　あったのかな。だけど、あたしはナンセンスのよさというのがわからなかったから、ただ下手《へた》としか思えなかった。三平さんの落語ってなぁ、その頃は、出てくるといきなり「こっち入ってくれよ。タケさんに、トラさんに、イノさんに、サルさん」なんて、そんな落語やっててね。なんだいこれは、と思った。円蔵にいたっては、眼鏡取っちゃうと見られない坊主頭のあの顔で、早い話、劣等生ですから世の中のことはなんにも知らねェし、字も書けない。だから馬鹿にするだけ馬鹿にした。ところが、あんなに面白くなっちゃうんですよね。彼なりの苦労は当然あったと言うんです。円蔵は売れないやつを一所懸命見てた。あ、こうなっちゃいけない、ああやっちゃいけない、だから売れないんだって。それとべつに彼の感性というのは見事な部分がある。いまなくなっちゃいましたけどね。

色川　たけしのお師匠さんといってる深見千三郎《ふかみせんざぶろう》という人、とうとう花咲かずに死んじゃったけど、子供のときに僕が見てて意外に僕の思いより若かったのね。あのころ非常に老《ふ》けてたのは、中老け役ばかりやってたのね。そのかわりどんな役でも脇《わき》でなんとか無難にこなせるものだから、浅草に常打ちしている劇団ではないので、滝野川の「万歳館」とか、渋谷の「聚楽《じゅらく》」とか、急ごしらえの一座になると必ず深見千三郎が座員で出てくるんだ。よくいえば手堅くどんな役でもこなすということだけど面白くもなんともない。それがつい近年だけど、浅草を中継してるテレビを見たときには、見事な昔の浅草の軽演劇を伝承しているいいコメディアンになってましたね。だから、その間に年数がたってるけども、あの当時の僕のイメージの深見千三郎がああなるとは、まったく思ってなかったね。深見千三郎自身のなにか個人的ないろんな試練を経たあれがあるのかもしれないけど。

談志　化けないまでも希少価値が出てくるというケースもあって、極端な話、人間百二十年も生きてりゃ、最後の二十年は希少価値でもつ。

色川　当時の浅草の軽演劇華やかなりし頃に、すでにそういう芸を身につけて残って貴重品になるというのはちっとも不思議でもなんでもないけど、当時まったくそういう芸を身につけてなかったのが、長生きしたせいはあるけど、実に遺産を身につけてる。花を咲かす咲かさないはともかくね。

談志　それは浪花節もそうで、浪花節のファンたちは、いまの連中がいやなんですよ、匂《にお》いが違うから。だから、声が出なくても松太郎〔木村〕とか瓢右衛門〔広沢〕を聞いて安心しているという部分があるんですね。だから、その流れを持っている人間に対する郷愁みたいなもので集まってはいるけど、時代が変っているからその雰囲気を持つ芸人が少なくなる。本当は、それを愛する若い芸人がいなくなっちまったということ。その気分を満たしてくれる芸人がいないから、彼等は寂しそうですよね。だから、松太郎が出るとヤンヤという……。

色川　このあいだ驚いたのは、篠田実の先代〔初代篠田実。浪曲師〕が生きてたのね。

談志　五年ぐらい前に木馬亭に出たんですよ。芸人や周りから勧められて。最初ちょっとやるといってるうちに、「もうちょっと調子上げてくれや」ってなもんだ。それで、『紺屋高尾』やったよ。それは結構なもんでしたネ。あの人はちょっと訛《なま》るけど。

落語のほうではネ、例えば可楽は落語には熱心だったろうけど、僕は最後まで下手だと思ってました。だけど、けっこうあの郷愁を愛するというファンを獲得してたからね。志ん生が化けたというのとはちょっと違うでしょうけど、三木助〔三代目〕は見事に知的なものに化けた。

色川　三木助は化けたですね。あれが化けるということなのかな。

談志　われわれの化けるというのは三平的なことをいったので、この際、知的化けるとは区別したい。三木助師匠の場合は、若い頃はバクチばかりで何も勉強はしなかったのが……バクチも勉強かも知れナイが……。

色川　とにかく橘《たちばな》ノ円《まどか》の前半までは踊りだけですから。

談志　その踊りも、見てて堅くてあまり好きな踊りじゃなかった。

色川　でも、落語はよくなかったな。

談志　あんなうまくなっちゃう。なんなんだろうな。

色川　だから、気長にしてると、談志一門から出てくるかもしれない。

談志　あいつらは出てこねえな。出て来て欲しいけどネ。
　こないだ先代の円鏡から先代の円蔵になった円蔵〔七代目〕の、ややこしいネ（笑）、テープ聴いてて、あんなことで当時のお客は笑ってたのかなと思ってね。「お喋り会社でございます」のあの円鏡……のね。「アサという駅があります。アサーって、夜中の十二時ごろ着いちゃったりなんかする。みんなあわてて顔洗っちゃったりなんかする」。聴いてるとバカバカしいや（笑）。
　漫才のネタじゃないけど、「アメリカ煙草」って売りにくる。「アメリカの煙草売ってるのかい」って言うと、「アメ、イカ、煙草」とかね。「三番線、北海道廻り九州行きー」とか、「熱海、熱海、一週間の停車」、あんなバカなことが受けてたんだね。ボーイズの落《さ》げによくあったのが、「結婚して」「君とはできない」「どうして」「男同士じゃねえか」。留さんのさん馬〔のちの九代目桂文治〕が、「最近の歌ぁ聴いてごらんなさい。〝忘れちゃいやよ〟って言うんすからね。金貸せば忘れませんよ」。最近の歌といったって、渡辺はま子のデビュー曲だ。「あたしこのごろ憂鬱《ゆううつ》よ」「ユーウツってなんかうつるんですか」。これも若き淡谷のり子だ。それを昭和四十年代までやっていた。つまり死ぬまでやっていた。
色川　さん馬さんのはアナクロがおかしかったね。
談志　おかしかった。でも、当時盛んに正岡容がけなしてたよ。なんだ、あれはって。

だけど、おかしかったもんね。「近ごろは貧乏人って言わねえんすからね。プロレタリアてんですからね。その下がルンペンね」。なんでルンペンがプロレタリアの下かわからないけどね。「なんかルンペンってえと貧乏人のように思えませんね。外国から船が来たようで」って、なんだかわかんないんだ。でも受けていた。のべつきいてて終《しま》いにはおかしかった。愉《たの》しくなった。

色川　伝統の芸を持っている人はいいけど、漫才の人とかニュース漫才風の人がちょっと遅れちゃうと、聴いてられないね。

談志　トップ・ライトがいい例だね、もう聴いてられない。宮尾たか志がやっぱり聴いてられなかったですものね。牧野周一がやっぱり聴いてられなかったな。だから、むしろ古臭いのやっている山野一郎のほうがよかったな。

色川　あれは昔の自分から動かないからね。合わそう、合わそうとしている人はどうしても遅れが目立っちゃうけど、合わそうと思ってない人は遅れてたっていいんだよ。

談志「朝のラッシュなんかすごいすからね。しまいには押したり、叩《たた》いたり、のしちゃって」、のしちゃうなんて古いな。当人は新しいつもりだから始末が悪い。山野さんなんかの場合は、浪花節の乃木大将「乃木の親分が」なんてバカバカしいのやってたけど、よかったな。「えー、ラムネ、プスッてえと、いい音がするんすからね。活弁なんか、わけはねえんすから、見たとおりに言やいいんすから。行くてえとドアーがあった。ドアーには把手《とって》がついているから、把手を引くてえとドアーがあいた、って当たりめえなんす」。なんかおかしかったね。「フロックコートのねえやつは外套《がいとう》着て出てくるんですから。楽団が音を出しますな。チャカラッチャ、チャカチャカ、チャーカ、ラッチャチャー、チョコチョッー、チョコチョッーってえと、このおっちょこちょいが出てきて、いい加減なことを言うんすから、〝花の都かロンドンか、月が鳴いたかほととぎす〟。なんだかわからねえんすから」というのがおかしかった。だって、あの山野さんは頭のいい人ですものね。夢声〔徳川〕を尊敬していて、牧野さんも尊敬していたけど。

それで、あたしが一回、漫談は芸じゃないといったときに、談志があああいうことを言ってたけど、あれはどうかねって、それで、対決しましたよ。あたしは落語のカテゴリーだと言おうとしたんですが、高橋圭三《けいぞう》が司会やってる番組に出たら、前のほうに三亀松さんが刀ぁ持って待ってる。あの野郎を斬《き》っちゃうってね。

その牧野さん、言っちゃ悪いけど漫談で面白いと思ったこと一度もなかった。「みーんなみどりというような名前つけるんですからね。畠山みどり、何とかみどり、よりどりみどりですからね」。面白くもなんともないんだ。勿論、観客《きゃく》には受けているんだが。だけど、花好会という芸術協会の会がある。それが年に一、二回、熱海かなんかでみんな集まって飲むんだけど、余興やると全部牧野周一に食われちゃうんだって。あるときは、座布団で十日も二十日もかかってオマンコつくってるんだって。一所懸命家でつくるんだろう、あの真面目そうな顔をした人が。それで、そのオマンコ持って牧野さんが踊るんだって。これがひっくり返るってね。ふだんとても考えられないって言ってたね。その座布団でオマンコつくるために、あの真面目な人がどれだけ家で内緒でつくったのかね、それを想像するとたまらないというんだよ（笑）。そういうところがあったというんだね。牧野周一に食われちゃうって。それで、こうやって踊るんだって。

色川　そういうのは洒脱《しゃだつ》かもしれないな。

談志　だから、あの人の楽屋からはとても想像できない。とにかくアナクロ、トメさんまでいかないアナクロでね。宮尾たか志にも感じたんですけどね。「アベックなぞ歩いてまして、〝このまま永遠に歩き続けたい、まだ道はあるでしょう〟。道はありますよね」なんて言ってんだけど、アベックなんて言葉の古さね。だから、司会者というのはいい道を見つけたなと思うんです。でも、宮尾さんは司会者であるということが恥とまでいわないまでも、いやなんだね。いやというよりも、おれは落語家のせがれなんだという……。でも司会は名人だった。

色川　司会よりは漫談のほうを好んでやってたようなふしがある。

談志　そうなんですよ、歌の付属であるというのがいやなんです。一つの芸として独立してないというのがね。玉置宏《たまおきひろし》みたいに見事に居直れないんですね。だから、東宝名人会のトリを色物で取ったというのが牧野周一と共に宮尾さんの何よりの名誉だったんだろうね。

色川　猫八さんなんかもそうですか、トリを取りたい。

談志　そうです。それで一回、落語協会の集まりのときに、猫八がトリを取りたいと言ってるからどうするというから、おれは断れと言ったんです。芸術協会に行ったらトリを取らせるって当人も言ってるんだから、むこうに行きたきゃ行かせるがいいって言った。

色川　それでやめたの？

談志　そう。なら、言っとくけど、池袋演芸場でもって年に何回もトリを取ってみろ、取れっこねえからと言ったの。猫八さんに言ったんじゃあない。落語協会の理事会で言った。年に十日ぐらいは鈴本の客なら取れますよ。池袋で取ってごらんって、毎日来る同じ客相手に。できやしないから。だったら、みんな言い出すよといったわけだ。染之助・染太郎のトリ、結構じゃないですか。アダチ龍光のトリならおれは見事に譲りますよね。人気絶頂だった三球・照代なら見事にトリ取れますよ、客返しませんよ。だけど、そういうものじゃないじゃないか、寄席のルールというのは。それで、追っ払っちゃったんですけどね。

芸の内容から言ってトリを取る必要のある芸じゃない、猫八というのは。芸から言ったら、あの三人組〔お笑い三人組〕のなかじゃ貞鳳のほうが上だ。ただ器用にまとめてあって、そこそこはほどよく喜ばして帰す芸で。だから、せがれがそっくり真似てる。そっくり真似られるんだ、内容がねえから（笑）。むしろあの人があたしの会のときの、原爆のなかを歩いた話というのは迫力あったんです。それをやんなさいよと言ったんです。あの人は被爆者手帳を持ってるんです。それは感動的だった。じゃあ、猫八はワルイのかっていやあ、勿論ワルくない。現代では結構な芸だ。それに年輪も加わっているし。

色川　小半治さんのをテープで聴くと、こないだも誰か言ってたけど、誰かのお母さんが、これはすごいって言ってたって。僕が高座で十年一日の如く聴いてたころはそうは思わなかったけど。

談志　いいでしょう？

色川　結局、下積み芸人といえばそうだけど、あんないい下積み芸人もいるんだね。これはオフレコかもしれないけど、志ん好さん、あれはあんまり化けないね。

談志　志ん好さんは三語楼の弟子で三寿《さんじゅ》、その前は金魚という名前だから、当人にいわせると二代目金馬の弟子だと。碓井《うすい》の金馬の弟子だそうだ。この碓井の金馬は落語研究会の二つ目ぐらいに上がって、『笑い茸《だけ》』なんてやる。批評に「十八番で悪かろうはずがない」、わかりきったことじゃないかというような評が載ってますね。悪かろうはずがない、しかし、いまさらべつにという人だが……。興行師的に優れていたという噂が入ってますね。

碓井の金馬の弟子はどうだかワカラナイが、三語楼の弟子はたしかだ。私の聞いた頃はよく木馬館に出てました。中途半端な内容だけど、己《おの》れの意見みたいなのをあの木馬の客にきかせちゃうんですね。それは見事なもんだ。あそこは他から入ってくる芸人、協会の芸人とか、他の芸人は受けないいんです。安来節《やすぎぶし》目当てだから、田舎者と安来節だけのファンだ。だから、そこで受けてる。逆に志ん好はドサだ……という。でも力はある……。で、そのネタを先代の円蔵〔七代目〕さんが使ってたね。だから志ん好さんは、あの人は私に無断でやっているって怒ってましたよ。だけど、楽屋じゃあ志ん好はドサだ、ドサだって言ってた。ところが、志ん生の弟子分になって協会に入ってきた。受けてましたね。ひっかき回しちゃったですよ。別にドサでも何でもない、ただヤカンだと言われていた。「師匠、青酸カリというのはどんな色してるんですか」「青酸というんだから青いんだね」って平気で言うんだから。「白いですよ」「昔は青かった」(笑)。当時、停電ばかりあったころに志ん好さんが自分の時計みて「あと五分で電気がつきますな」って言ったらすぐついちゃった。「ああ関東配電が五分間サービスした」。

色川　あれは幇間《たいこもち》もやってたの？

談志　どうなのかな。足のワルイ人だからネ、幇間は……。それで、金語楼のつくった新作なんかをやってましたですね。友だちの朝之助というのがそれを教わってきて、『鳥打ち』ってネタだ。そのなかで、「あなた、さっきなんてった、なんてった、なあーんてった」なんていう、そのころ流行《はや》ったような言葉がポーンと入ったりして、わりと近代的な部分もあってね。
色川　三語楼から金語楼じゃ、そうでしょうね。
談志　金馬、三語楼、志ん生じゃないのかな。『笑点』やったころに志ん好さんに出てもらったですけど、もうだめでした。受けない。受けた当時とおんなじことやってくれたんですがネ。
受けないというのは何なのかね。そのいい例が今のWけんじですよ。あんなに客をひっくり返したのが、受けない。受けなくなったときに、つまり力投派がだめだから、技巧派になればいいんだけど、なれないんだね。追っちゃうんでしょうな。スコンスコン打たれちゃうんだ。笑わない。
色川　Wけんじも不思議だな。

落語とリアリティ

談志　芸人というのは、人気が出てくるといい客ばかりだんだん相手にするようになるでしょう。自分のいう通りになるような、わがままのきくような。また逆にいわせれば、むこうはそれにひきずり回される興味もあるんだろうけど。

前に、大阪のジャンジャン横町の花月に一回出たことがあるんです。そこでたまたま人情噺みたいなのをやって、「一所懸命やるから聴いてよな」って、拍手喝采《かっさい》もらったことがある。それはさておいて、一度吉本のガサガサしているところに出てみようかな。自分の客のいないところに出てみる必要があるとかねがね言ってたんで、それで二日ばかり難《なん》波《ば》の花月に出たわけです。

そのときに気がついたんですが、もと電通にいた小山観翁《かんおう》さんが書いた文章のなかに、東京の落語はリアリティがあって、大阪のはリアリティがない。逆に大阪は歌舞伎がリアリティがあって、落語はそれこそ大ナンセンスで『影清《かげきよ》』の「お上りでっか、お下りでっか」なんて、影清に放り投げられたやつが空中でそんなことを言ったりする。『池田の猪買い』では、「橋ない橋どうして渡る。泳いで渡る。それではあまり大胆な」なんて言う、ああいったようなのがわからなかった。言われてみると、なるほどむこうはリアリティのと、貧乏人に与えられた一つの武器、知性のあるやつが行くんですな。よくいうじゃあ、リアリティを求めに行くのは何だといったら、貧乏人が行くんですな。そうすると、あるのが歌舞伎で、むしろ荒唐無稽《こうとうむけい》なのが落語である。こう思うわけです。

色川　あ、貧乏人のなかの知性派が。

談志　貧乏人に与えられた武器というのは知性しかない。あとは体力だ。体力はべつに寄席に行くのに必要ないですからね。そうすると、金持がいく。または、瞬間的に金持になりたい人も行く。昔、不景気になると「あの兄ィ《あに》は威勢がいいや、不景気になると歌舞伎座の特別室におさまってやんの」なんて言ってね。一瞬の幸せを買いに行くのとか、または成り上がった連中だとか行ってる。勿論、本物の金持もそこにはいる。金持は理屈とかリアリティは欲しくない。いい気持にしてくれればいい。だから、またその時だけでもいい気持になっている人は、つまり夢が欲しいのだから荒唐無稽な芸のほうが面白いんで、「理屈言うない、いいじゃねえか、芝居《しべえ》だから」ってね。

だから、大阪の客もふとそんな気がしたんでね。大阪の寄席にくる連中は金持なんだ。金持はレベルが低いですよ、一般には。成り上がりだから。いやレベルが違うんです。

色川　なんとなく高みから見ちゃうからね。

談志　だから、「理屈言わんでおもろいこと言いな、談志」というのがとってもよくわかる。だから、「こちらに護送されてまいりました、行くところがなくて大阪だけが頼りで。ひとつ殴らないように」なんか言いながらやっている。でも、元貧乏人だから、成功者だから、場合によっちゃ、『らくだ』も『富久《とみきゅう》』も演れないこともない。だが今日のように本当に金持のところから生まれたガキたちには通じない。明石家さんまだとか、たこ八郎とかじゃないとダメだ。これは、現代みたいに皆ンな金持になっちゃった世の中には、リアリティ優先の東京落語は根本的に始末におえない。ましてTVはダメだ、むかない。

色川　だけど、数は少ないでしょう、そういう成功者の息子というのは、客で。一般の客は……。

談志　いや、一般の客もそうみえた。

色川　中流になってきたからね。

談志　だから、昔も、そのときだけ金持になろうと花月へ来たのではないか。だから、春団治の芸がよかったんですな。それを春団治がだめだといった新聞記者がいて、万度《ばんたび》春団治をケナす、とうとう怒って春団治がリアリティのある『子別れ』やったら見直したという。やっぱり春団治は大阪の観客を見事に知ってたんじゃないのかな。

色川　僕の子供の頃はね、映画館に行くのにみんな嘘を観に行ったね。だいたい子供の頃なんていうのは、たとえば八百屋さんは八百屋さんの生き方、職人は職人の生き方とかってわりにきまっていたでしょう。だから、職人の生き方のなかにいるのは現実を見たくないんです。映画館に行くときはつくり物の夢の世界を観に行くというつもりだったのね。それが非常に変わったのは、戦後の、みんなが着のみ着のままになっちゃったときね。あんときはそういう、誰でも闇《やみ》をやって成金になれたし、だから、フィクショナルなことが現実に起こってきたのね。だからどうもあの時期に、イタリアン・リアリズムなんて、あれからちょっとリアリズム風のものを映画館では観る感じになってきたんだね。

談志　その流れと同じように、寄席は元来金持も来てというより夢を見に来た。それに答える芸をやっていたのに、円朝自身は己れで捨てた。そのことが人間を追求する知性というい芸だと思ってた。それに評論家が加わって夢をあたえてくれた人気者達を寄席から追っぱらっちゃって、知的なものを優先にしてリアリティへもってっちゃったのか、観客がリアリティのほうが好きだったのか、いろんな理由があるでしょうけど、とりあえず金持になりたい、夢を楽しみたい……というのを締め出しちゃった。だから、締め出さなかった大阪はいまだに成功してるんじゃないのかな。だから、逆に大阪の歌舞伎はだめになっちゃう。

色川　もう一つは、やっぱり大阪のほうが東京に比べて、そういう一瞬の階級のしがらみが残ってるよね、商人都市はね。

談志　そうかもしれないね。
色川　だから、もっと夢というか、滑稽を見ようと、そういうかたちになるのかもしれないね。もうリアリズムいやだという。
談志　ただ、大衆に夢をあたえる芸を持っている人達は、追い出されたときに受け入れてくれるジャンルが出て来た。映画とか、歌手とか、大衆演芸とか……そこに行っちゃった。人気を求める芸人志望者はそっちへ行っちゃった。そこで、どうやら今日まで寄席を落語を持ちこたえてきたのは、知性派というかリアリティの芸人、つまり文楽、円生、三木助という……。いまは両方いない。
色川　いまの談志さんの話でいうと、一部の批評家が寄席を芸術趣味にしちゃった。それで、いまの危機よりもずっと前に、その影響か知らないけど、落語が学生のものになったんだよね。だから、昔みたいに小地域社会の旦那衆とか、そういうようなものじゃなくなってきたね。それは一つは、ベッドタウンが遠くなったこともあるけど。だから、学生が落語を支えるなんていうふうな傾向が、もうすでにそこの始まりなのね。
　だから、ちょっと話がとぶみたいだけど、寄席の回復というのはもっとアングラにするよりしょうがないと思うんだ。たとえばもっと夢みたいな世界、現実的じゃない世界。だから夜中に始めたっていいし、それこそ中入りにコーラの代わりにヒロポン売りに来たっていいんですよ。それから、やることの基準も、いわゆる市民道徳と同じことやってたんじゃ、テレビとそんなに違わなくなっちゃうからね。うっかりすると、あの寄席に行くと手入れがありそうだなんていう、隠れて行くようなところがなけりゃだめだな。あるいは爛熟《らんじゅく》の世界ね。

談志　そうね。こないだも渋谷のパルコのライブショーで開口一番、「きょう、おまえらに覚醒剤《かくせいざい》の打ち方とセンズリのかき方教えてやる」ったら、客がこんな顔してやがってね。それから、こないだの漫談も、オマンコと朝鮮人の連発だったけど、いまちゃんとそれ聴いてるし。

色川　そのほうが起爆力があるんだもの。

談志　落語やるよりはるかに聴くね。それが落語だといってるんですけどね。だけど、道徳を超えたものが何かあるはずだ。そうすれば、いちいちあたしが飛び出したり、クビになったり、または伝統だ、現代だとか、やれ貧乏人の芸だとか、そんなのは釈明しなくても済むような気がするんだけどね。

その論理でいくと、芸術は全部貧乏人のものになっちゃいますね。道徳、作法、礼儀、芸術。あんなもの貧乏人の基準だ。発展途上の協力を前提とする中で生まれた不文律だ。昔は狩野派《かのうは》の絵なんていうのは素晴らしいと当時殿様が言ってたのを、あんなものはよくないと知性派が勝手にきめちゃって、写楽のほうがいい、北斎がと言っていると、金持は写楽の絵なんぞ貼《は》らないし、モジリアーニの絵なんぞヤだよ、あんなもの。セザンヌは平凡だし、ゴッホは気味がワルイ。ルノアールはいいですよ。いい気分にしてくれる。だから、ゴヤだって宮廷画家のころのゴヤは綺麗《きれい》でいいけども、子を食うゴヤだとか、銃殺なんてあんな絵は嫌だ。第一家にかけておけないヨ、気持がワルくって。だから、あれは貧乏人が勝手に決めたルールだ。

だから、問題は、そうなってくると、おれたちが貧乏人の基準で芸をやってきたことが、金持が増えちゃってとても聴かれなくなる。それも知的金持じゃあなくて呆的金持だ。

でも、見てると、中には「いまの若いやつらは」なんて三十歳ぐらいのやつが言ってるわけですよ。あれっ、してみると、こいつらも落語聴くようになるのかと。でも、どうも感じではならないような気がするんだよ。「いまの若いやつらは新幹線の前の電車に、汽車によォ乗ったことねえだろう」程度のことは言うかもしれないけど、落語までは来ないんじゃないかという、皮膚感覚ではそう思うんですがね。どうなのかね。あり得ないでしょう、落語がこれからスポット浴びるというのは。

色川　現象から考えると、少なくとも落語家じゃなくて、古典落語がスポットを浴びるというのは難しいような気がしますね。だから、それは健全道徳とか、そういうことに則《のっと》ったような庶民の泣き笑いとか、そういうことからどうも離れていくんだね。

談志　じゃあ、おれの「満州を返せ」なんて叫んでるのは、正解なんだ。

色川　そうそう。とにかく、『八五郎出世』なんていう、あんな感じの出世じゃ出世したくねえというふうに思っちゃうのね。だから、そういう無難な、伝統的というか、そういうものを聴いて安心するというふうな家族的客を寄席から追放しなくちゃだめなんだ。

談志　そうだな。

色川　たまの休みに、一年か半年に一回盛り場に来るような家族連れの客というのが、あそこは教育上悪いから子供一人では行かれない、というふうにならないとね。

談志　それじゃあ、おれが講演の度に差別用語と、卑猥《ひわい》な言葉を連発してるのはいいことなんだ。もっとも当たるという自信があるからやっているんですがネ。

色川　いまの落語家の若手が、最初の段階でわりに客に好かれようとするじゃない？　あれが好かれようとするために毒を抜いちゃうね。それで、最大公約数的人間のような顔つきをしているというのが、まず強い執着を起こさせないというかね、それはあるかもしれない。だから、もっと個性のはっきりした人間がいっぱい出てくるといいんだね。昔は「てめえ、なんで来た」というような感じで怖いなという芸人さんはけっこういたんだけどね。

談志　円蔵さんは怖い顔をしていた。本人は愛嬌をふりまいているつもりだったろうが、怖い顔してた。淋《さび》しい顔をしてた。晩年は高座でグチばかり言ってたけど。

色川　そこらにはなかなかいないような人間ね。昔の人のほうが、全部じゃないけど、どうやって生きていくんだろうと思うような人がいたんだね。いまの若い人は、なんか滑らかにことが運んで、そこを洗練させるのが芸だという。

談志　金持になっちゃったから、金持はそんなおっかないこともいやだし、ゆったりしてくれて、気持のいい、程のいい、さっきのルノアールの絵みたいな程のいいのを聴きに来てる。あとは間違ったり、下手だったり、がいい。つまり道化《どうけ》だ。でも歴史の道化はそうでもなかったみたいだ。『リア王』みたらそうだった。

色川　だけど、おっかなくても、自分に攻めてこないというのがあるもん、金持としたら。

談志　攻めてこらんなきゃいいわけだ。

色川　なんか奇妙で変形してるけども、自分を脅かしてこないというのは金持だっていいんだから。

談志　ああ、そうか。戦争映画みてえなものだな。じゃあ、脅かすというか、スケベなことを言おうが何しようが構わないんだ。

色川　うん。

談志　だって、スケベなことっていうけどね、もはやそれほど不快でもねえやな。
色川　五年、十年前に比べりゃ、びっくり度が違ってるよね。追っつかないよ。
談志　金持の知性というのは、原則として出ない。帝王学というのは、周りが貧乏なら帝王学も必要だけど、みんな金持になっちゃって、帝王学必要ないでしょう。だって、金持で頭のいいやつというのは、原則的には出ないはずだな。
色川　金持の息子がひょっとしたら……。それは道楽若旦那のほうが多いけど。
談志　だから、頽廃的《たいはい》なところで粋《いき》なのが出てくるかもしれないけど、少なくとも貧乏人の発想の、一所懸命やろうの、会社を伸ばそうのという、そういう頭の良さは出てこないね。三代目はつぶすんだから。

まず自分が抜きんでること

色川　若い世代は働かなくなっちゃったね。
談志　働いてませんよ。
色川　われわれの世代から見ればね。おれなんか本当の夜の目も寝ずにバクチなんかして、働きづめに働いてる（笑）。
談志　悪事を働いてる（笑）。たとえば文学に対する欲とか、作家として名をなすというのは、あれ貧乏人だからでしょう。そうでもないのかしら。なんか違うのかしら。事業欲と同じように何かあるのかね。芸術というのは何なんですかね。芸術がいいというのは描写がいいとか、人間を出せて奥が深いなんて、何が奥深いといいんですかね。いうなればその人の趣味だ。

色川　たとえば映画が躍進してきたころ、映画は下だと思ってたのね。上下というのは変だけどね。だから、一番新しいし、一番下だと思ってたから、何からでもかすめ取れたのね。文学にもコンプレックス、芝居にもコンプレックス。だけど、みんなともかく取れた。みんな恥も外聞もなく取って太ってきたわけでしょう。そのうちに下じゃなくなっちゃうわけね。そうすると、今度次のやつが、一番下がそういうふうに取れるやつが次の時代にのり代わってくるわけ。だから、いまでいえば、劇画はどっからだって取れるわけね。だから、ある意味では、たとえば小説書きなら、小説書きが、一番下の意識を持たないといけないんだね。

談志　あー、そうか。

色川　だから、芸術的意欲といっても、ある上の意識のなかでやってると、本人は芸術といって大きなものをつくってるつもりでも、もうそのときはエネルギーが不足してるのね。だから、落語もいっそ思い切って、アングラ無道徳から出発し直したらどうかと思う。それで、いままでの既成じゃないものをどんどん取っていく。古典落語だってあぐらをかいているようでは、エネルギーが不足しちゃうんだよ。

談志 それでなんだね。こっちは三十年あそこに惚れてたもんだからね。

色川 それがあるんだよ。

談志 だから、あれ縁を切っちゃおう（笑）。簡単にいうね。しょうがないよ。ドイツ文学を取ろう。早瀬主税《ちから》みたいになってね（笑）。でも、日本人て基準がないんだよ。

色川 ある点で、日本人というのはその必要が薄いということもいえるんだね。西洋のあいう遊牧民族では、まず能力主義になるでしょう。そうじゃなければ生きていかれないから。そうすると、どこかに枠をきめないと野放図になっちゃうよね。だから、持続していくためには神みたいなものが必要欠くべからざるものになる。ところが、日本人というのは島国で、それこそ農耕民族だし、地面から生えてくるわけだよ。だから、自分である程度コントロールしちゃう。そうすると、他になにか規制するものがそれほど必要でなくなっちゃう。

談志 それをバランスと言ってるんでしょうね。われわれはバランスのとれた国民であるてなこと言って。バランスのとれた国民なんだけど、そのバランスを、その都度《つど》その都度のバランスを捜さなけりゃならないからな。

色川　そうそう。だから、それが逆に、風邪《かぜ》をひいて四十度ぐらい熱があるときに考えたことと、平熱のときに考えたことを、どっちも自分と思わなきゃならないという不思議なね、どうも不便も出てくるわけ。

談志　だからこそ、小さん師匠みたいに落ち着いて、「いずれ回りゃ元へ戻ってくる」なんつうのが、意外に説得力持ったりなんかするんですよ。結果そうなっちゃうんだから。考えてもだめだということで、ほんとうそうなっちゃうんだね。

色川　元に戻るといっても、まるきり元じゃないんだな。元よりちょっと、かすかに違うところに戻る。

談志　ラセン階段と同じだ。戻らねえだろうな。

色川　だから、手をつかねて、歴史は回るなんていっても、まったく元のところに戻ると、ただ丸を描いてるだけだけど、こういうふうにだんだんズレていくんですよ。だから、元に戻ったともいえるし。

談志　だから、革命とか、天災とか、第二次世界大戦みたいなことになれば、回帰現象はあるかもしれない。イヤ……ないかな……。

色川　このままじゃ急に変わるわけはないと思うけど、そういうなにか他動的な力でなるんじゃないですかかね。

談志　落語をもう一ぺんアングラにって、アングラ的なことやっているんですが、そのアングラ的なことがなかにはいやだと言うやつもいるし、それは当然いますよね。

色川　ただ、そのアングラ的な方面での先覚者が強力ならば、みんなそういうふうに染まってくるんです。松本清張が一人出ると、推理小説が見違えるようになって、探偵小説が推理小説になっちゃうというようなね。

談志　アングラやるかな。また追っかけ回されるぞ。同和とか、右翼とかにね。べつに来やしないけど、とりあえずクレームつけないとてめえの立場がなくなっちゃうというやつらがね。

色川　しかし、そこで仮りに誰でもいいんだけど、ビートたけしならビートたけしと、立川談志とどっか差異をつくらなければだめだね。だから、どっちかといえばビートたけしだって、一番下から出てきて何でもみんな取り込んじゃう。だけど、落語家のほうは古典落語とか、あるいは芸格があるから、一番下の意識がないんじゃないの？

談志　それはある。

色川　だから、何でも取れないという不便さ。だって、もともとたけしとかはなかったんだから。

談志　芸種もないんだから。何のジャンルに属するかというのがないわけです。

色川　小説のほうもおんなじだ。

談志　そうでしょう。それは戦後適当にゴロツキ小説書いている分には、そこそこ収入もあるでしょうけど。

色川　それだって、このごろはずっと平安が続くとは限らないからね。

談志　マージャン人口が少なくなってきた。

色川　それで、いまの落語界と同じように、なにか新しいことをやろうと思っても、皆おんなじね、そっくり。それで、危機意識は充分濃くあるんだけど、全体にじゃなし、持ってるやつはずい分いるんだけど、とくに娯楽小説、これは崩壊の半分手前じゃないかと思う。

談志　面白いものがねえもの、あんまり。

色川　ないし、それから、もっと手軽にいろんなものがあるから。

談志　小説家なんか、まだねえものがあるのかな。

色川　だから、それで、いつもあなたの話で身につまされてるので〔笑〕。だから、前からおんなじだって言ったじゃない。いわゆるカリスマ性を持ってる救世主みたいなものは出てないですね。落語界だってそこそこの者は出てる。だけど、そんな方向を変えていくような人がいない。昔の石原慎太郎、それから五木〔寛之〕、ああいう現象がもっとないとね。

談志　衝撃の、というやつだね。たけしが落語家ならよかったんだな。
色川　いや、落語家だったらできない。
談志　そうか、できないか。歴史という枠もあり、ジャンルが確立されているから落語家じゃ無理か。
色川　たとえば立川談志の個人として洋々たる道を拓《ひら》いてくるのと、それとダブッちゃうわけね、落語界の洋々たる道はどこだというのと。
談志　そのへんがいけないんだね。
色川　いけないかどうかわからないけど、たけしはともかく自分のことを考えてるよ。
談志　何々界というのがねえんだから。
色川　だから、この際、落語界のことというのはもう二の次にしてもいいんじゃない？　それで、結果的に後からそれが影響を与えていけばいいんだから。まず自分が一人抜きん出ることだよ。
談志　そうしよう。決めた。何やってもいいんだ。てめえのこと考えてりゃいいんだ。
色川　そうそう。
談志　弟子もへったくれもねえや、もういいや（笑）。

（『談志楽屋噺』白夜書房　一九八七年／文春文庫　一九九〇年）

立川談志さん

阿佐田哲也

円楽の一番弟子の楽松が、三遊亭鳳楽と名を改めて、真打ち披露をやっている。円楽にとって、自分の弟子のはじめての真打ち披露でもあるし、まァひとつ、お祝いに行こうと思って、東宝名人会の楽屋に顔を出した。

このところ二、三日、外で用事があってふらふら出歩きだすと癖になるし、もともとふらつきやすい性分だから、じっくりと巣の中に坐っていられない。

それにもうひとつ、談志に会う約束がある。彼も鳳楽の真打ち披露に名を連ねている。談志、円楽、その弟分の円窓、みんな楽屋に居並んでいる。顔ぶれがいいせいもあるし、鳳楽が期待の新人であるせいもあって、客席は満員。まことに幸先がよい。

披露の高座で、進行役の楽太郎〈のちの六代目円楽〉が、談志のことを、落語協会の大幹部、といういいかたで紹介した。

「なんだい、それだけか――」

と談志がすかさずチャリをいれる。

「前沖縄庁政務次官とか、いろいろ肩書はあるぜ。景気よくずらっと並べてくれなくちゃいけねえ」

するとと主人役の円楽がいった。

「それは楽太郎の紹介がよくない。それをいうなら、前《さき》の副大臣——」

ドッと客席がわいた。三遊協会の円楽としては、落語協会の代表で応援にきてくれた談志にいたく気を遣っているのである。

談志が、古来からの披露の口上にのっとりながらこういった。

「なんにしても芸人というものは、お客様あってのものでございます。お客様のご贔屓《ひいき》とご叱声でどうぞ鳳楽を大きな芸人にしていただくよう、どうぞどんどん叱ってやってください。ただね、客の方には叱るだけの内容がなくちゃね。客も勉強しなきゃ駄目だってんだ。なんだ、説教してやがる、いやな口上だねえ——」


「志ん朝——それから」とある人がいった。「談志ねえ、談志が一皮むけたらねえ」

べつの人もいう。

「小ゑん（談志の前名）時代の談志はよかったがなァ」

少し前の私は、そのいずれのセリフにも頷《うなず》いていた。今でも、半分、頷く。けれども、このところ私の気持は少し変わってきている。

私は今、立川談志という人にとても興味を持っている。以前、会えば簡単な挨拶ぐらいしていたときとちがって、このところ急速に親しくなってみて、私は談志という人物をすっかり好きになった。

落語家としての談志に対する私の気持は、以前とそう変わらない。六十歳ぐらいになったら、まちがいなく大成する落語家だと思う。放っておいてもそうなる。彼自身、将来の大成にポイントをおいて、現在の高座をつとめているふしがある。

だから、私は落語家談志の現状を、言葉でくくろうとは思わない。どんな高座をつとめていたって、見逃しておけばいいと思っている。出来がよくてもわるくてもいい。大きな能力というものは、完成がおくれるものだし、烈《はげ》しく揺れたり脱線するプロセスがありがちである。

それよりも私は今、落語家としてではなく、一人の人間としての談志に関心がある。彼はとてもナイーブで、気弱い。向こうッ気の強い人間は存外気が弱いというか、親しくつきあうまで、私はこれほどまでとは思っていなかった。

何故だかわからないが、彼は彼流の劣等感を身体のどこかにわだかまらせているらしい。

そのせいか、感性がいつもぐらぐら揺れている。神経質で、孤独で、淋しがりやで、気持の優しい男である。私は、彼がまわりの人間に示す一見毒舌調の配慮の濃さにおどろいている。

もうひとつ、彼の特色は、眼の確かさ、だと思う。眼がいい、ということは一言で説明しにくいのであるが、フリーランサーは特に眼の性がいいことが、きわめて重要な武器だと思う。現在の各界を見て、眼の性のいい人がきわめてすくない。

もっとも、眼はたしかによいけれど、感性的な、乃至《ないし》は瞬間的な勘のようなものにかたよりがちで、談志の眼力はたしかな坐りを見せてはいない。それでも眼がいいから、直感が他の人とちがう。何事でも自分の眼で見ようとする。

たとえば、これも親しく交際するようになってわかったのであるが、芸、というような一見あいまいな形のものを、鋭く見取ってしまう。芸、に対してこれほど烈しい関心を抱き、また正しい眼を持っている男を、私は今まで見たことがない。

落語に限らない。個人芸に関して、談志と談じこんでみたまえ。もし、その論に眼をみはらなかったら、それは貴方の眼力が低いのである。そういいきってもいい。

仙人の芸、もっというなら、個人的な生き方に関する観察は、まことに深い。この点で私は舌をまいている。

その日、談志と私は連れだって和田誠の家に遊びに行った。その車の中で私は、レコードをもっと出すべきだといった。

「俺の落語のレコードをかい」

「ああ――」

志ん朝もそうだが、談志も、完成した芸を残したいから、今の途上の芸はレコードに吹きこみたくないといっているらしい。

「六十、七十になったら完成するだろう。そのときのレコードもむろんわるくない。けれどもね、四十の時で出せるよさもあるんだ。そいつは六十になったら消えちまう」

「そうかなァ――」

といって談志は考えこんだ。

私はべつにヨイショをしたつもりはない。それは私の本音で、今の談志の芸も買って残しておきたい。単なる未完成、単なる完成、などという大ざっぱな区わけができるものではない。小説だって、二十歳で書いておくのがよい材料だってある。

しかし、私にはもうひとつの内心もあった。他人の芸があんなに深くわかる男が、自分の芸に対して、それと同等に客観的な認識をしているとは限らない。彼は自分では、自分の芸のいい点わるい点、さとっているつもりだろうが、それを含めて、まだ、さとる余地がある。それは彼の大成のために、無駄な行為とは思えない。

今の彼は、主として感性で、鋭敏にさとっている。しかし事物に対して、もっとゆったりとさとるさとり方もある。

レコードが出れば、自分の芸を耳にする折りも増えるだろう。

しかし談志さんよ、気をわるくしないでくれ。私は批評家としてつきあおうとはしない。ファンとしてベタベタしようとも思わない。ただ、彼の方さえよければ単なる友人として、ゆっくりと、ゆったりと、つきあいたいのである。

鋭敏さを縦糸に、ゆっくり、ゆったりとした認識を横糸に、二つの糸を綾《あや》なしえたときが、談志の芸が完成に到るときであろうかと思う。

（『阿佐田哲也の怪しい交遊録』実業之日本社 一九八八年／
『色川武大 阿佐田哲也全集13』「怪しい交遊録」福武書店 一九九二年）

『怪しい交遊録』解説

立川談志

色川先生と私の交際《つきあい》は年月はそこそこあったが、時間は短かった。

早い話、ゆっくりと話をしたことが少い、三晩ぐらいだったろう。

一夕は私の弟子についての相談。

あとは、本を出すことになったので、頁の数合せと、本の貫禄づけに頼んだ二人の芸談と雑誌の対談……と、この程度。

色川作品は、麻雀小説に馴染まなかったので一冊も読まなかった。

だいたい、本の中に中だの🀚だのは失礼だと思っていたくらいだから……。

最初《はな》、どこで会ったのかもワカラナイ。が、その内に親しくなった。

これは、相手も同様だったはずであるが〝相手は私と親しくなった〟というだけだろうが、私は色川武大に人生の先生を頼んでしまった。

ちなみにそれまでの私の人生の師は田辺茂一《もいち》である。

田辺先生に逝かれて困ったの何の……。

で、いろいろほうぼうあたっての末の、色川先生であった。

先生と書いてはいても呼び方は兄《アニ》さんであった。

この「兄《アニ》さん」という寄席独特のニュアンスで私が呼ぶのが好きだったらしく、向うも私を、兄さんと呼んだ。

私は兄さん、と呼ばれる理由《わけ》を勝手に判断していたのだが、どうやら違っていたらしい。

ま、いい。

親しくなってきてからか、その前かは覚えてないが、私の印象は、〝長生きしねェな〟であり、この人とゆっくり老後、芸能を話し合って飲むんだ、ときめていたから、〝兄さん〟に死なれて心底《しんそこ》困ったし、現在《いま》でも困っている。

もう、この歳で、この性分と世の中から判断されているから、先生も、兄さんももう出来まい。

早い話長生きしねェ御方と老後を楽しむ、つもりでいたのだ。

そんな折、私の弟子が四人一緒に二つ目に昇進し、（私がきめたのだが）立川流落語会の顧問である色川先生に一言お祝いを……と頼んだ。

挨拶に、〝私は、キミ達の出世を見られないのだ……〟といった。

早ければ十年で何とかなる、けっして見られないはずはないのに……。

いや、出世という意味が違ったのか、出来上り、という意味の出世だったのか……と気になって、考えたが、ま、いいや、相手は生きてるんだし……、まだ先は長いし、とうやむやにしたようなものの、何か引っかかった。

＊

色川武大を兄さん、という名の先生にしてつき合い、喋りをしたのは、この御人の趣味と生きかたの内容との一致を識ったからである。

私しゃ、云ってることと、やってることが違う奴は相手にしない、馬鹿にするだけ、バカにする。

だからその逆ともなれば……、であった。

＊

まして私の識りたい大衆芸能の世界に、己れの劣等感《コンプレックス》故に共感を得、そこで生きていた事実、世間でいう弱者という名の人間の物の見方、感受性は見事に私の人生の先生であった。

そして偉張るようだが、兄さんの識らない事柄を私は多少識っていて、ゆっくり教えてあげるつもりでもいたのだ。泉和助《わすけ》のこともR・テンプルのことも、〝旗六郎も高崎で元気だヨ〟といい昔々亭《せきせきてい》桃太郎も、染谷《そめや》の小柳枝〔七代目〕も、〝あれはどうした〟〝あの人は……〟〝それはネ……〟と……。

ましてニ人で、まだ結論の出ていなかった「落語」というものの本質と論理を、エッセイ風に喋り合っていた談論でなく、論議をし結論を出すつもりでいたのに。

書いてて、この文章？　は解説になっていないのも承知だし、解説なんというものは私の知る基準の中では落語以外は私には書けないし、正直いって兄さんの書いたこの書の中の人間に興味はない。彼等の深さが解らない、のではなく、興味がさほどないのだ。（強いてあげれば和田誠ぐらいか……）

ズバッといえば、ここに書かれている連中が私も含めて寄ってたかって色川武大を殺したのである。

でも、それは本人がきめたことだから仕方あんめェ。

〝何でこういう有象無象と付き合ってんだい、それも、手前ェ《てめえ》で銭出して、奢《おご》ってまでさ……〟

に、兄さん、ニヤッと笑って、

〝奢らないと、遊んでくれねェんだヨ〟

ときたもんだ。これには受けたの何の……、〝違《ちげ》えねェ〟であった。

＊

手前ェとてもまたしかりで、四谷は左門町の色川亭で、亭主の無差別？　友人？　招待？　にあきれ返って内儀《おかみ》さんは、御ン出ちまった、その部屋で、ナルコレプシー用の医薬という、目の覚める薬をもらい、一緒に飲んだ。ジミー時田はギンギンになって夜明けまで唄うの何の……。

苦しそうに、付き合っていた色川先生、何とも申し訳ありませんでした。

＊

兄さんの知識のうちで最も私の惹かれたのは浅草オペラ、軽演劇、流行歌、そして寄席であり、映画である。

その映画への知識の多さは、あの物識り、現代の横丁の隠居、何でも識らないもののない、「やかん先生」の山城新伍も兜を脱ぐ。例の「野球ゲーム」、「映画ゲーム」は気が変でないと出来ない芸当だ。

昭和四年三月に生まれ平成元年四月に亡くなった色川武大の生涯は五十九年と十一ヶ月

である。

その間、己れの頭のイビツ故に、〝人並みの人生は送れないのだ〟、ときめ込んでの人生のアウトローは哀れに美しく、読んでいて、涙が出てくる。

東京大空襲のあの三月十日の夜に、何と山茶花究《さざんかきゅう》〔俳優。「あきれたぼういず」にも所属していた〕達が浅草の仲間の家で始まった博打《チーパク》を、眺めていたそうな。

もう、その年令であの場にいられる情況をもっていたことに、私の畏敬の念は極限に達する。

野坂〔昭如〕の焼跡経験なんざあ、小《ちい》せえ、小せえ。

*

そうなっちまった己れの生き方だから兄さんにとってそのあとの人生は、ルンペンか、博打打ちか、小説家しかなかったのだろう。

〝いや、映画監督があるよ〟というかしら……。

そして成った小説家、物書き稼業で、いつ頃から一人前の人間、と己れを認めるようになったのか。

それは世間が兄さんの書いた小説に賞をくれ、書いた本が多く売れ、ファンという、己れの生き方に賛同をしてくれる者がいる、と気づいたときから始まったのか。並みの暮らしは出来ない、ときめたようなものの、出来りゃあ、人並みに生きたかったのか。人並みに生かされている如く、私にみえた生活《くらし》の部分は、実は、そうではなく、只、人生の成り行きにまかせていたのか……。

ただ兄さんも、私同様、この「成り行き」という言葉が好きだった。

なんぞてえと〝人生は成り行き〟であり、〝どうせ曲った人生だ〟であった。将棋の桂馬じゃなければども、〝斜《はす》っかけに飛んだ〟のである。

＊

兄さんの歴史、行動、その集大成である文章は、どこも、かしこも優しい。嫌味も、皮肉も、毒もない。本来あの性分ならせめても酔ったときぐらい毒をはかないと、己れに照れて照れて仕方がないはずなのに。

毒を吐くのが怖かったのかも知れナイ。世間では、それを「やさしさ」というけれど……。

＊

あるとき、なにかのパーティで、そこで演《や》った芸だか、会話だかが、あまりに非道《ひど》かったので、兄さんの顔をみたら、ぼそっと一言、

〝ありゃ、非道いネ〟といったっけ。

＊

毒がない、と私が思えたのは、兄さんは、きっと人生に自信をもっていたからだろう。そうでなければ、この本にある如く、こんなに他人にやさしく出来るわけがない。

＊

子供の頃の写真をみても、「坊や哲」の青年期のも、編集者のときの写真も、それぞれ美男であり、可愛いかった、颯爽《さっそう》としているし、かっこがいい。

何で劣等感だったのか、外見《そとみ》からは想像がつかない。

あの持病のせいで、あの頃、その頃から化物が知らずのうちに兄さんの体内に巣喰っていたのかもわからない、いや、そんな気がする。

なら化物が巣喰っていたから、アウトサイダーに生きたのか、あの病いだから化物が入《い》り込んできたのか、いずれにしても私にとって兄さんの生涯はすさまじい。

そして、私が思う如く、外見が颯爽としていて、他人にかっこよく見えていたときのまま、あの生き方を、あの作品を仕上げた、ということになると、何よりも兄さんが困ったろう。かっこ悪かったろう、ということで、神様は、あの、額の禿げ上った、ギョロ目の、あの腹の姿に仕上げたのである。

布袋《ほてい》様の如く腹が出てきて、やっと、坐って麻雀が楽に打てるような姿に他人にみえる如くにしてくれたのに……。

残念でたまらない、でもこれも成り行きか……。


（『怪しい交遊録』解説　集英社文庫　一九九一年）

『色川武大阿佐田哲也全集14』解題

立川談志

色川武大、この作家、この〝兄貴分〟と私が勝手にきめた人生の相談相手に死なれたときには心底《しんそこ》困った、と私は書き喋ったが、現在《いま》もその言葉通り困っている。

ちなみに私の人生の師匠は、故紀伊國屋書店の社長田辺茂一氏であり、師匠に死なれその次に選んだ、師匠という名の兄貴分が……いや兄貴分の師匠が色川さんであった。

とこう書いてはいるが、このような文句は前にもどこかに書いているはずだ。特に文庫本になった「色川武大の怪しい交遊録」に私の故人に対する想いの丈は書いたから、あれで充分であり他にもなにか、いくら言い残しもないこともないが、別にどれほどのこともない。

ということは、この文章は全て駄文である。下手という意味ではない、第一どれが上手いのか下手なのか、私にはワカラナイのだから……。

ま、それはいい、駄文とは無駄の駄、そうだハッキリ無駄文と言えばそれで済むことだ。

私の読書の対象は特定の人をのぞいて論理はいっさい読まない。世の中能書きをこく奴あ、たいがい嘘だと思っているし、間違っているとも思っているから相手にしない。それに昔の人の考えなんてなあ知識が狭くて未熟だから、現在《いま》あ考えりゃあ何とも下らない、つまらないところでモノを考え、悩んでたもんだと思うから、面白くも何ともないし、それに小説なんてものも、所詮ハラハラさせてそれを治める、てのと、人間の感情とか心理を作家が勝手に解釈して遊んでるだけのものと、歴史上のあの人物はこんな風だったろう、なんという作家の思い入れだけだし、学術書は関係ないしむずかしい本はロクなもんじゃあないし、若い奴等の本なんか読んだって合やしないし、作家なんて妙におだてられてるから仕末のワルイ馬鹿が多いし、志ん生の落語のほうが面白いから駄目なのである。

私の対象は過ぎし昔の芸人達と、その人達が住んだ処、どんな事をいっていたか、どんな風体《なり》をしていたのか、どんな女だったのか、どんな芸を演ったのか、それを、それらを知りたいだけで、作家の能書きゃいらないのだ。

なら書いた奴、書かれた対象は芸人であれば誰でもいいのか、といわれりゃあ、いまやもう誰でもいいと答えられる。嘘っぱちだろうが自慢噺だろうがもうなんでもいい、よほどの馬鹿芸人の書いたものでなきゃあいい。

だって、それを期待し、そこに没頭させてくれた色川武大がいなくなったんだもの……。

〝俺は非常に淋しい淋しい〟と財津一郎で叫んでいる。

色川さんの芸人を書いた本に、私は能書きを感じないのだ。あの通り、あのように生きた色川さんの幼年期、青年時代に、なんでまたあんな暮らしかたをしたのか、という云い訳を感じない。どこかで当然書いてはいるのだろうが……。

ついでにいうが、私は色川さんの本をあまり読んでない。何だかよくわからないが送ってきてくれた精神病の本があって、読売かなんかの賞をもらったという本が珍しくチョイ興味を誘ったぐらいで、麻雀の世界もさほど知らず、出目徳の了見も、そこそこにしかワカラナイ。

だいたい人間は相手のことを理解なんざあ出来るもんぢゃあないし、そしてその〝ワカラナイ〟ということを正当化して生きているのが落語立川流家元の談志《あたし》でもあるし……。

その私が文句なく飛び込むのが、くどいようだが「あちゃらかぱいッ」の世界なのだ。

土屋伍一に林葉三に多和利一に……。その舞台の浅草にあのマイナーの一連が私にとって英雄の如き姿で迫ってくるのは何なのだろう。きっとあれが芸人という、常識というグロテスクな世界に住めない人達だからであろう。まして色川大兄《たいけい》のあの過去、あの性分からすればどこかでヒガミが暗い陰となって出てきそうなものに何故か私にはそれがみえない。色川さんの弱さというのが、優しさとなって相手に受け取られるからなのであろう。

こんなこと書いたって仕方がない、無駄である。一口にいやあ他人の人生なんて理解《わか》るわけがない、理解しないと己が不安になるから理解しようとして、〝理解した〟と思っているだけである。

唯、その理解の度合いが、その人その人で勝手に、それぞれが私が深い、といっているだけである。

してみりゃあ私が勝手に作り上げた私の色川武大であるし、その武大像は、おそらく当人とはまるっきりかけ離れたものかも知れない。でも、こう書いていてことによると武大兄《アニ》さんは、〝いや、そんなこともないよ〟と、あの顔でニヤッと笑っていってくれるかも知れない。つまり、あのお人柄で……。

そうだ、お人柄なのだ、色川武大は、ああいうお人柄なのだ、誰にでもよくしてくれたそうだが、現にあの兄さんの嫌な顔を見たことがなかった。愚痴も聞かなかった。むずかしい本も書いたらしいが、私に読める本も沢山書いてくれたし、私のことも書いてくれた。私の落語に期待もしてくれていて、談志が六十になったときが楽しみだネ、ともいってたと聞いた。

兄さんの原稿を書いている机の下には化物がいて、よく遊びに出てくるからその化物の相手をしてやっている、と書いてあるのを読んだ。

頭の格好がイビツだったから常人とは違うんだ、と勝手にきめて、あの行動となったといっているし。

浅草と、芸人と、暗い処、にのみ住むようになったということだし。

自閉症のような己だけの世界としか考えられない、野球ゲーム、映画製作ゲーム、等々も常人では考えられない凄さだし……。

レビューに、映画に、寄席に……つまり大衆演芸と称するこれらの世界に入りびたっているときにのみ得られた若き頃の安らぎ、と読める部分などはどこを読んでも、文句ない、また〝よく識ってらあ〟である。それもそのはずでそこに一緒にいたのだもの……本当のことなんだもの……。

そこに一緒に居た、という色川さんの芸人との事実、それも〝あんなときに〟〝あのときのあそこに〟……そして〝あの人と、何とあんな人とまで……〟と私の興奮は高ぶるまでである。

私の色川武大兄《アニ》さんは、先生は何ともいい人で……いい人とは露骨にいやあこっちにとって都合のいい人のことで、私の識りたいことを書いてくれて、聞きたいことを教えてくれて、行くとごちそうしてくれて、飲ませてくれて、相談に乗ってくれて、私の統《ひき》いる立川流落語会の顧問にもなってくれていた。

なにそれは私にばかりではない。色川先生を知る全ての人がそういっているのだから、早く死ぬ訳である。あれぢゃあ身体がいくつあったって持ちゃあしない。死んだほうが楽である。

気の毒だったなあ女房で、まわりから五月蠅がられ、亭主の勝手ともみえる他への親切に辟易し、しかしその相手は色川武大なのだし、ずいぶんと我慢もしたろう結果にさぞや、無念と、安心と、楽になった切なさ、淋しさを味わっているだろう。

と、こう勝手気ままに書いてはいるものの、しょせん私の腹ン中には〝他人のことなんか理解《わか》らない〟の一言で、これらは全て勝手な解釈で、読む奴が読んだら怒るだろうし、あきれるだろうが、それとて、そっちの勝手なのだ。色川さんの六十年の歴史をたどったって、その両親の代を調べたって正解なんて出るものか。全て誤解だろう、まあ、いうならば色川先生にとっていい誤解か、嫌な誤解かだけだろう。

精々誤解でないとすりゃあ〝作家であった〟〝麻雀好きであった〟〝芸能関係の資料が山の如くあった〟ぐらいはいえようが、はたして作家と当人が思っていたのか、麻雀が本当に好きだったのか、例えいくら好きでも万度好きな訳もなし、資料を山のように集め、持っていたというけど、捨てられなかったのかもしれないし、ま、女房がいたから亭主だったのだろうが、色川さんが女房だったのかも知れナイよ。

そんなこたあ、当人でなければわからナイ、いや、当人にもワカラナイ、〝一体俺は誰だろう〟と、「粗忽長屋」が人間なのであろう。

だから、それをきわめるために色川の兄さん、いろいろ書いたんだろうなあ、そして

〝何よりも浅草とそこの芸人達が好きなのが俺なんだよ〟と言いたかったんだろうなあ。と、私はこう思っている。つまり、色川武大はこういう人だ、というのではなく、色川武大を、こう思い入れているのが立川談志なのである。

しょせんどっかで人間思考をストップしなければどうしようもなるまいに。なら、こういってもいい、〝色川さんて、目のギョロッとした人でしょう〟であり〝すぐ眠っちゃうのよネ〟でいいのだ。

それにしても色川さんに対して未練は山程ある。

自分の持っていた宝石箱を、いやオモチャ箱を、私が好きなのを知ってるくせに、チョイとみせてくれただけで、それ持って遠い処に行っちゃった。

〝兄さんよォ、もう一度「あきれたぼういず」を見せてくれよォ〟

〝兄さんの箱のなかに入ってるシミキンを見たいよォ。二村定一もだよォ〟

〝アスティアとキャグニイを見たいのに……〟

〝兄《アン》ちゃん大人だったから他の仕事もあったのだろうが、もっと俺と遊んでほしかったよ

オ〟

俺だって兄ちゃんの知らないオモチャも持ってるんだし。

きっと兄《アニ》さんが、愛してやまなかった御舎弟の如くに、俺と遊ぶのも楽しかったはずなのに……ポパイの石田一雄を俺は兄さんより知っているのだし、教えてやるつもりでいたのに、フィーリングが似ていたのに……

この想いは映画やヴォードビル、ジャズ等で和田誠が色川武大にそう思っているような気がする。

私自身、己れの落語を語る楽しみはまだまだ山の如くに残っていて、それと対決している幸福な日々ではあるが、他の芸のジャンルにおける私の楽しみは現在はない、いやあってもマレである。現在がなくて、未来に期待は出来ない、となりゃあ、過去に戻るより手があんめえに……。

その想いを入れてるはずの、「宝石のオモチャ箱」がなくなっちゃったのだ。

（『色川武大 阿佐田哲也全集14』解題 福武書店 一九九三年）

色川武大

立川談志

立「兄《あに》さん、しばらく……」
色「ガンだって」
立「そう、再発」
色「まだ、娑婆《そっち》に居るべきだよ」
立「ま、成り行きでさァネ」
色「そうだネ」
立「兄さんに死なれて困ってるよ」
色「そうかな」
立「そうだよ、困るよ、兄さんが持ってた〝オモチャ箱〟まだ全部見せてもらってないのに持ってっちゃったんだもの」
色「ごめんネ」
立「本来ならこの頁、兄《あに》さんが書く場所なんだよ」

色「でも、いいよ、ちゃんと書いてるよ」
立「そうかなァ」
色「小半治とか、松鯉さんとか書いてよ」
立「ハイ」
色「こないだ、〝和助〟を書いてたネ、あとは誰書くの……」
立「困るなァ、正邦（乙彦）さんは生きてるけど、兄さんほど家元《あたし》は観てないし」
色「大丈夫だよ」
立「〝他に書けるのが居ねえ〟と思ってるから書いてるけどネ、兄さんに死なれてネ、心底困ってんだよ俺は。山藤〔章二〕さんもそういってたよ。だって兄さんは優しいネ、〝芸人と同ンなじ悲しさ〟っていうのか、そういうものがあったしネ」
色「……ウン……」
立「このあいだネ、藤浦敦《とんさん》から山茶花究の話を聞いたんだよ、兄さんもことによると知らない話かもネ」
色「どんな話」
立「川田義雄《さん》と別れて坊屋三郎《さん》と、益田《キートン》〔喜頓〕さんが新興演芸にいったとき究さんを入れたのではなくて、究さんは残った川田さんのグループに入ったんだって。それがその後、坊屋さん達と一緒ンなって、で〝あきれたぼういず〟となるんだが、川田さんのほうは「ミルクブラザーズ」、そこの最初のメンバーの一人に山茶花究はいて、そこから引っ張られたんだって……この話知ってる」

色「知らなかった、そう……おもしろいネ」

立「それよりネ、兄さんの、人柄、人生に対する態度、全ていいんだよナ、田辺茂一《せんせい》を失ってから、その後《あと》兄さんに頼んだ〝人生の相談役〟がいなくなっちゃったでしょ、ま、兄さんは長生きはしないと思ってはいたけどサ……、俺の書いた兄さんへの文章というか……『怪しい交遊録』の後書き読んでくれた？」

色「読んだよ、有難う……くすぐったいけどネ、うれしいよ」

立「いまも、お化け出るの？……」

色「出るよ、同んなじだよ、けど、何かゆとりがあるネ、もう死なないからかな……」

立「そうだよ、そうだ、きっとそれだよ……、へお化けは死なない……関係ないか……」

色（笑い）

立「コレクションは一関の市役所にあったよ、あれ、もっと何とかならねえかなァ……俺が買うべきだったかなァ……」

色「ま、いいよ、そんなもんだよ、それより談春と志らく、どうしてる」

立「ちゃんとやってますよ、二人共〝真打ち〟にしたしネ」
色「真打ちパーティにやっぱり出られなかったネ」
立「二人が〝二つ目〟になったときそういってたもんネ。〝あたしは、この二人が真打ちになるのを見ることは出来ないけど……〟っていったんだよネ。けど、そのとき〝そうかなァ、そんなことはないはづなのに……。あと長くて十年なのに〟と思ったけど、兄さんのいう通り、亡《いな》くなっちゃったネ。あのとき判ってたの……」
色「まあネ、何となくだけどサ……。それより家元《あにさん》の芸がよくなったネ、でも、あまり演《や》ってないネ」
立「才能を発揮する場がないの」
色「ゼイタクなんだネ」
立「そうかなァ……」
色「原稿もいいけど喋ンなきゃあネ」
立「ウン……」
色「でも予定通りだよ、いや、もっとよくなってるネ」
立「よくなってると思うよ、家元《おれ》は……」
色「……そういう所は変わらないネ」

立「変わらないものを性格という、正確だろう……」

色「うまいネ」

立「うまくないよ、嫌だなァ……で普段何してんの、まだ未練はあるの……」

色「もうないよ、未練をなるべく持たないように生きてたしネ、あとは任せるよ」

立「困るなァ……、でも、仕方ないか、兄さんが居ねえんだものな、でもネ、逆にいうと、兄さんが死んだから、こういうモノを書くようになったのかも知れないし」

色「そんなことないよ、生きてても書くよ」

立「書くかなあ……」

色「いいよ、別に気にしなくても」

立「兄さんはやさしいネ、いい人柄だネ……」

色「……嫌だなァ……困るよネ」

立「生きてるときはいえなかったけど……」

色「いわなくても感じて照れてたよ……」

立「またきてネ……」

色「ウン……」

（「週刊現代」一九九八年十一月十四日号／『談志百選』講談社 二〇〇〇年）

結城昌治

一九二七（昭和二）年、東京生まれ。ハードボイルド小説の先駆者と言われ『ゴメスの名はゴメス』『夜の終る時』等で人気を博した。時代小説や評伝『志ん生一代』なども幅広く手掛けた。九六（平成八）年、死去。

結城昌治との想い出

立川談志

結城さんなァ……勿論つき合いはあった。梶さん（梶山季之《としゆき》）等の一党だったか、ちと違ったか。あの頃梶さん、川上宗薫《そうくん》、生島治郎《いくしまじろう》等とよく夜を過ごした。一方には芥川賞系統とでもいうか、吉行さん、近啓（近藤啓太郎）、安岡章太郎等がいたっけ。

で結城さん落語が好きだった。〝志ん生が好き〟というので日暮里の志ん生宅に連れていった。キミちゃんという私のファンが一緒。つまり三人で志ん生師匠と会った。酒を飲んでたか、一緒につき合ったか覚えていない。多分飲まなかったと思う。何しろ昼間だったし、志ん生師匠が喋ることをいち〳〵メモにとってたっけ。志ん生師匠は相手が誰だか解ったのかどうかは知らない。とに角私が紹介したからということだったろう。別にお旦《だん》とは思うまい。結城さん、感じは新聞記者のようだった。

そう三時間居たか。結構居たネ。その時志ん生師匠のネタ帳を見せて貰った。私が云ったからだ。〝師匠ネタ帳見せてくださいよ〟。これは仲間内ぢゃあやらない。まして他人にはタブーである。けど師匠、〝いいよ〟てなもんで持ってきてくれた。紙一枚だったか、きれいな字で書いてあった。伜《せがれ》の金原亭馬生師匠の書いた字だ、とすぐ判って結城さんに説明した。

ついでに書くと古今亭志ん生字が書けない。いわゆる無筆であったと思う。で、そのネタ帳には二百位のネタが書いてあった。中には知らない演題《ネタ》もあったっけ。

志ん生宅を辞して帰りに結城さんに云った。ちなみに談志《わたし》は結城昌治が好きだった。何せ『ゴメスの名はゴメス』の作者だもんネ。

〝ネェ結城さん、今日の話一冊にならない〟〝無理だよ、出来ないよ〟〝何で、結城昌治なら出来るだろうに……〟〝でも駄目だネ〟。何だったのだろう。志ん生の生き様はとても〳〵の及ばないところと結城さんは思ったのか。私にはそう受け取れた。

話は飛ぶが二、三年か、四、五年経ったか結城さん『志ん生一代』を書いた。見事であった。流石作家結城昌治目のつけ方が違うし、よく調べたものであった。ゲロ万の馬之助〔八代目馬生〕、後の可楽、里う馬等々、売れない噺家をよく調べたものだったし、志ん生の逸話はのこらず入っていて結城昌治の眼で描いてあった。

〝結城さん、書いたぢゃないの。面白かったよ、いいよあの本〟に、照れてたっけ。〝何であの志ん生宅の帰り道、絶対書けないと云ったのを書いたの〟に、〝ウ～ン、まァ、その、何となく……〟と照れていたが、何となく書けるもんぢゃない。私に見せる為に書いた気《け》も感じたし、少なくも他の人に、又は編集者に云われた訳でもないだろう。書いたキッカケは私だと思っている。その内容は結城さんの本でなく、志ん生の経歴でもない、その中間というか、私にはこよなく結城さんの落語への愛情を感じた名著である。

あの頃、小島政二郎先生、又は正岡容等と違っていわゆる寄席にのめり込んだ人とは別の筆法でアリマシタ。


結城さんに会った。自然落語の話となった。で結城さん曰く立川談志は下手だという。人気絶頂の俺様だ。

〝何イ云やあがる。俺の噺を満足に聞いた事もねえくせに〟

〝いや、聞いているよ〟

〝何時《いつ》来たよ。来りゃ判らァ。客席に誰が来てるか位はプロだ、すぐ判る。来てねえぢゃねえか〟に〝行ってるよ、聞いてるよ〟〝嘘つけ〟であったっけ。

そしたらネ、来たよ。それも新宿の末廣亭座敷の後ろの柱の陰で土間に立って顔の見えないように聞いていた。で終ってそこにいったか、後日何処かで会った時だったか、〝どうだよ上手《うめ》えだろう〟に結城さん〝不味い〟とさ。

下手だと云った手前そう云ったのか、場内を爆笑の渦に叩き込んでる、それも古典落語で、である。それを〝不味い〟とさ。その裏というか、その底に結城昌治の落語に対する一つの考え、思い入れがあったのか、具体的には話さなかった。

彼の私生活は知らない。ま、ほとんど他人の私生活には興味はないが、やせて小柄で何となく昔の肺病病《や》みのような気がした。あまり長生きしねえな、であった。それも何気なしではあったが。

対談をした。何かの雑誌であったろう。そこで結城さんが飲んでた紙袋に入っていた薬、睡眠薬という、で、〝なら俺に呉れよ〟〝いいよ〟と呉れたネ。で飲んだネ。モウロウとして来た。対談なんてとてもやってられない。車ぁ呼んで貰って帰ったっけ。いいのかネ、こんな強い薬を飲んでいて、が感想であった。大丈夫かネ、結城さん。心配をしたもんだ。

その時だったか、それ以外だったか、〝ネェ結城さん、あの『ゴメスの名はゴメス』ねえ、あの落《さ》げは最初から考えていたの、それとも他に……〟〝いや成り行きだよ。落ちを作っておいて小説なんて書けるもんぢゃないよ〟と云った。

ゴメスはいい。感動した。流石作家だ、結城昌治だ、と兜を脱いだ。別に兜を脱ぐにゃ当たらないが……。

その他の結城作品も読んだろうが覚えていない。他には三好徹の同じく東南アジアのスパイの話があったがこれも結構であった。そう『風塵地帯』だったかしら。

結城さんとは時折会った、勿論銀座の夜のバーだ。とに角その頃流れっ子《う》の作家はそういう場にいた。アトは「ドンピン」と称するトェンティワンつまり21の日本版。作家は高い金を賭けてやっていた。梶さん、柴錬〔柴田錬三郎〕、等々。けど結城さんにそんな感じはなかった。当時流行りのヒロポンも打ってはいなかった様だが、〝打っている〟と云われてもそんな感じのやせた体型であった。俺より歳は三つ四つ上だったか、別に人生相談もした事もないし、世の問題を討論した事もない。当時粋がってつき合っていた作家の一人であったが、何処か結城さんは違っていた。落語の好きさ、深さも別な眼で、つまり結城昌治の眼で見ていてくれた所を何となく感じたのを現在《いま》思う。でももっと結城さんに、彼の落語論を、彼の聴いた落語家の話を聞いて置けばよかった。いや聞き出すべきであった。後年の色川武大の兄ィの様にいろ〳〵と古き寄席の想い出を、私の識らない過去の落語家を、芸談を、彼が見た私達には当時とても考えられなかった作家結城昌治の落語という伝統のことについて個人〳〵の名を掲げて、〝結城さん、この人識ってる、観てる〟というエピソード、その中に彼の彼らしいその頃としては私にはまだ解るまい細部に亘った芸論を聞けたかも知れない。しかしそれらは『志ん生一代』にはなかった、いや感じなかったのかも知れないが……。

それらを書いたら娯楽本と云っちゃあ悪いが大衆と離れた心理本になってしまうのをちゃんと心得、この談志あたりが喜ぶ丁度いい所で、線で書き上げたのかも知れない。それが『ゴメス』にも当て嵌まるのだろうか。

それらは大衆に受けた梶山センスというか、流行作家の本質というか、もっと深く書くと、早い話、本が売れなくなる、というのを作家自体が知らず知らずに身に付けて仕舞うのか。でも結城さんのその様な本も探しゃあるのだろう。ケドもうこの歳面倒くせえし、誰かが持って来りゃ読むだろうが、ちなみに立川流家元立川談志、今、読む本がない。岡本綺堂も子母沢寛も、つまりこの二人にある江戸っ子、江戸弁、江戸の風、又は小室直樹、山本七平、岸田秀等も生意気に卒業した。いや老いた。

もう一度、『ゴメス』を読むか。結構読めそうだし、もっと結城昌治との想い出も思い出すと思う。

早い話、数多くの作家達と会い喋ったが、落語の話をしたのは、又それを実行に移して志ん生訪問まで行った作家は結城さん一人であった。吉行さんとはちと違い、梶さんとは全然違う。

もし生きていたら現在の立川談志をどう評するか。その一番聞いてみたい作家は結城昌治である。

年々歳を経て変わって来た立川談志を、これ又歳をとった結城昌治がもし聞いたら何と云うかネ。

以前は下手だけだったが、現在《いま》は別のものになっちゃった。ありゃ落語ぢゃないよ、とも云いそうである。

（「en-taxi」SUMMER 2010 Vol.30／『談志 名跡問答』扶桑社 二〇一二年）

景山民夫

一九四七（昭和二二）年、東京生まれ。放送作家として「シャボン玉ホリデー」「11PM」等の番組を担当。小説やエッセイも高く評価され『遠い海から来たCOO』で直木賞受賞。九八（平成一〇）年、自宅の火災で死去。

噺家は世上のアラで飯を喰い

景山民夫

楽屋口の暖簾《のれん》をくぐった時は、まだ何ともなかった。国立演芸場の楽屋の下足には、一寸《ちょっと》ばかり不似合いかな、と思いながら、スタン・スミスのテニスシューズを下駄箱に仕舞う。

「おはようございます」

テレビ屋にとっては、口にし慣れた挨拶をぶつけて楽屋へと入る。十畳程の、さして広くない、鰻《うなぎ》の寝床みたいな日本間である。

突き当りの衝立《ついたて》の向うで着替えをしていた人が、

「おはようございます」

と、返事をしてくれた。ずいぶんと高い声だなと思ったのは一瞬で、すぐにそれが、前座や二つ目ではなく、僕と同様に今夜から立川流の一員となる山口洋子さんだと気がついた。

細長い座敷の中央に、二つ並んだ卓子《テーブル》があってとにかくそこに腰を落ち着けることにした。煙草《たばこ》に火をつけようとすると、何処《どこ》に隠れていたのか、頭を角刈りにした縞《しま》の着物の前座が駆け寄って来てライターを突き出した。

なるほど、寄席《よせ》の楽屋というのはこういうものかと、あらためて感心した。

ノンキャリアとはいえ、今夜の僕の立場は二つ目である。その二つ目の地位を買うために十万円という金を払った。前座は、落語の世界での経験は僕より二年ほどあるとはいっても、その金を払っていない。立川談志師匠の直弟子ではあるけれどカースト制度に照らせば、僕よりワンランク下なのである。だから「おうよ」と、奇妙な気張り方をして煙草をくわえた口元を前に出す。カチッと百円ライターが鳴って火がついた。卓子の上の灰皿が妙に大ぶりなのも、寄席の楽屋らしくて良い。

比較的、歴史の浅い国立演芸場の楽屋でこれだから、昔からの定席、例えば新宿の末広亭などだと、さぞ雰囲気があることだろう。

ネタは昨日の夜、やっと出来た。夜中に三度さらって、さっき楽屋口をくぐる前に駐車場の車の中で、ダッシュボードの時計とにらめっこで、もう一度やってみた。十五分きっかり。高座ではアガっているだろうから多少早口になって十三分ぐらいに仕上るのではないかと思った。

噺に自信はまるでない。単なる素人《しろうと》芸だ。但《ただ》し、現代感覚だけは、そこいらの落語家よりもはるかに盛り込んだつもりである。それだけしか、勝負どころがなかったのだ。どうせ、本職の連中や演芸評論家には叱られる。

「けっ、ド素人がちょっと名前が売れたと思ってのぼせ上って。あんなもん、落語にもなんにもなっていねえじゃねえか」

そう言われるに決まっている。それで構わない。

落語が、なんだか様式美ばかりを追求し、観客との共通感覚をくすぐれなくなってしまって久しい、と思う。〝噺家は世上のアラで飯を喰《く》い〟という川柳が、落語本来の姿の筈《はず》であった。ところが、いつの間にか、その〝世上〟に一番うとくなってしまったのが落語界だ。江戸時代や明治時代の世上に通じるあまり、アラがアラでなくなってしまった。家の中に、へっついはおろか七輪すら見当らなくなってしまった時代であることに、落語家たちは気がついていないのだろうか？　その結果、アラで笑えない観客たちは仕方なく様式、つまり仕草に芸としての完成度を求めることで、落語という話芸の存在を認めようと考えてしまった。落語を愛すればこそ、消滅させたくないからこそ、仕方なくそういう方向に向かったのだ。古典落語の見方聴き方が、そうなってしまった。

「時そば」が、今はない二八そばの屋台を舞台として演じられ続ける時、二八そばの具に対する具体的なイメージが浮かばぬ客は、仕方なく唯一の共通感覚である、そばをする仕草に対して拍手を送ることによって、高座と客席の間のコミュニケーションを、観客の側から図ろうとした。

そして、落語家は、その好意に甘え、かつ努力を怠り、そばをすする仕草の表現に磨きをかけることさえしていれば良いのだと考えてしまった。

落語好きの父親に連れられ、小学校時代から寄席通いをしていた僕にとって、それは悲しいことだった。志ん生、三木助、金馬、可楽。どの噺家の落語も好きだった。今は子供だから分らないのだけれど、きっと大人になれば、彼らが語っている世上が、自分の体験として味わえるのだろうなと憧れていた。二八そばはないけれど、夜中に家の外を通る鍋焼《やき》うどんの屋台や中華そばのチャルメラの音に「時そば」の世界をオーバーラップして考えることは、小学生とはいえ、たやすいことであり、イメージのふくらみは甘美なものですらあった。そして、話し手の身体《からだ》の中に、それらの世界が現実の体験として息づいているのが、子供心にも感じとれて、芸というものの素晴らしさの片鱗《へんりん》をうかがい知ることが出来た気がした。

高校生ぐらいから「何か変だな」と思い始めた。円生や文楽は良いのだけれど、そして三平はまぎれもなく楽しいのだけれど、なんだか、そうではない落語家が増えてしまったように感じた。色物と呼ばれて寄席では軽んじられている、トリオやコントの方が面白いと思った。はるかに自分にとって受け入れやすいという気がした。それでも、安藤鶴夫の本などを読んで「いや、これは古典落語の奥深さが分っていない自分が未熟なのではないか」と、つまりは、まだ落語家の方が自分より笑いに対する感覚が優れているのだと、誤解していた。だが、そういった誤解を打ち破ってくれた一冊の本があった。立川談志の書いた『現代落語論』がそれであった。古典落語の良さは、時代が移り変っても絶対に不変な「人間の業の肯定である」と述べた談志師匠に「そうだそうだ、だから様式美に堕した落語は駄目なもんなんだ。江戸の人間でも明治の人間でも、どんなに社会が変っても日本人として変らない本質ってものはあるんだから、そこを語らなきゃいけないんだ。新作であれば、なおさらのことだ。昭和初期の新作を新作でございと未だにやってる落語家は努力が足りないどころか高座に上って客から木戸銭をとっちゃいけねぇ存在なんだ」と、やっと目からウロコが落ちる思いがした。そして、僕はあまり寄席に足を運ばなくなってしまっていた。

だから、今日の演目には、おそれ多いけれども志ん生師匠が芸術祭賞を受賞した大ネタの「お直し」を選んだ。この廓《くるわ》ばなしを、徹底して現代に置き換えてみようと思った。昔の廓の感覚は、今のトルコ（いいじゃあねぇか、トルコという呼び方で。なんともうさん臭いところがああいった世界のいいところなんだから）に、どことなく似ているような気がした。新しい性風俗に押されているトルコは丁度、売春防止法の施行で風前の灯《ともしび》となってしまった遊郭《ゆうかく》と、どこか相通じるのではないか？　志ん生が「お直し」を語っていた昭和三〇年代前半の遊郭と、今のトルコに共通性を見たのである。

主人公を女子大生上りのトルコ嬢にし、ボーイの若者と出来てしまったためにトルコをクビになり仕方なくマントルを二人で始める、という設定に変えてみた。語り口は、たった四回さらっただけだから、話芸にも何にもなっていないけれど少なくとも共通感覚だけは観客と分ちあえるのではないかと思ったのだ。だが、楽屋に入ったら、やはり伝統芸の重みという奴を感じて、さっきから萎縮している。このネタは、やっちゃいけないんじゃないだろうかという気にすらなっている。

談志師匠が「あらよっとィ」と言いながら入って来た。もう一度、僕にとっての立川流の御題目である〝人間の業の肯定〟という言葉を心の中で嚙《か》みしめて勇気をつける。高田文夫が来た。日大の落語研究会の重鎮だった男だ。彼の、古典の中に現代感覚を盛り込む上手さは、たぶん、本職の落語家をはるかに超えているだろう。もっとも、それに見合うだけの古典の基礎が出来ている。

芸能レポーターたちのカメラの砲列に追われるように、ビートたけしが楽屋入りする。

「タケちゃん、今日は何やるの？」

「漫談、漫談。前半、漫談でくすぐって、後は〝三本の矢〟でごまかしちゃう。大丈夫だよ、どうせ客は素人なんだから」

これで、ちょっぴり気が楽になった。高田文夫がFテレビの衣裳部から借りてきてくれた紋付きを、前座に手伝ってもらって着込む。角帯を締めると、気分が噺家になった。歌笑だって痴楽だって三平だって、最初はゲテだと言われたんだい。てやんでぇべらぼうめ、こちとらあ、この三宅坂から半町も離れてねぇ半蔵門で育ったチャキチャキの江戸っ子でぇ。噺のキャリアは浅いけど、そこいらの落語家より、よっぽど今の江戸前で生きてらあ。「お直し」ってたって、どうせ今日の客の三分の一も知っちゃいねぇ噺だい。やるだけやってやろうじゃねぇか。

山本晋也監督が、高座に向かう僕の着物姿を見て「よっ、外人の落語家みたい。このフォン・タクト」と軽口をとばしてくれた。さらに気が楽になった。どういうわけか、香盤の加減で僕の前に上った高田文夫が「黄金の大黒」を猛スピードで、しかし見事に演じ終えて、僕の出囃子《でばやし》が鳴った。

枕はトルコ噺。破れみたいなもんだから絶対にウケる。ツカミで飛び道具の〝フルハム三浦〟を出してワッと沸かせる。筋に入ったら客席が妙にシンとなっちまって、やばいかなと思い強引なギャグを無理矢理ちりばめた。散発的な笑い。少しあせった。だが、構わず筋を運ぶ。女子大生のトルコ嬢に妙に理知的な言葉を吐かせたらドッと笑いがきた。ざまぁみやがれ客は見るところは見てるんだ。マントルの客にリアリティを持たせてテレビのディレクター口調で喋らせる。またウケた。山場の、ヒモの男が自分の気持ちを女に伝えきれなくて、思い余って頰をパーンと張る場面で、一拍待って頰をおさえた女が、

「うっそー！」

これでドカーンときた。ストーリー上の緊張感から客が解放された。するっ、と話にのってきた手応《てごた》えを感じた。あとは一気だった。

さて、一体何人の客が「お直し」であることに気がついたかな、と、ふてぶてしいことを考えながら高座を下りて楽屋に戻ると、モニターテレビで舞台の様子を見ていた談志師匠が声をかけてくれた。

「あのな、おめぇらみてぇなのがな、みーんな落語家になっちまやぁいいんだよ」

一瞬、意味が分らなかったけれど、師匠一流のストレートではないが愛情のこもった誉め言葉だと気いて胸の奥がジンとした。

中入でロビーに出たら山藤章二さんご夫妻から、「いや〝お直しのお直し〟よかったですよ」と、声をかけられて、いけねぇ素人の客ばっかしじゃなかったと、思わず首をすくめた。

（『ONE FINE MESS 世間はスラップスティック』マガジンハウス　一九八六年）

景山民夫

立川談志

日本人らしく「本業」というモノにこだわるなら、景山民夫は「作家」ということになるだろう。

いや〝宗教家〟と本人はいうか……。でも彼は我が「立川流落語会」の弟子「立川八王《はちおう》子《じ》」でもある。

勝手な判断だが、例の件は別として、彼の多才な能力を、何やらかにやら、なんじゃらかんじゃら、と一つに纏めようとすると、それは「落語」が内容的に一番近かったのではなかろうか。

というより景山自身が安心していられる場所であったのだろう。

落語とは、立川流落語会とはそういう居心地がある。

＊

立川流落語会はご存知のかたも多く居ようが一応、A、B、C、と区別《わか》れていて、Aコースはノーパンとしゃぶしゃぶで……いえ、違う、落語を職業《なりわい》とする人、Bコースは世に名の有る連中で、落語を演《や》りたい、家元と関わり合っていたい、家元の悪口、陰口を喋《きく》るライセンスを貰いたい、という連中。Cコースは一般の人で、Bコース同様に〝落語が好き〟の、〝談志と関わり合っていたい〟〝志の輔でもいい〟なんという人達……と、こうなっている。どうする、入るかい……。上納金と月謝だけ取られて何の恩典もプラスもないよ……。

＊

逆に家元これらの人達に支えられている部分も多いから素直に感謝している。よくも、まァ、こんな見事な連中が我が立川流にいるもんだ……と……。

で、景山民夫。

立川八王子なる芸名は自分で付けた。中央道を走っていたら看板というか、標識に「立《たち》川《かわ》、八王子」とあった、ので、これにした……という。

この一言、この一点で彼のセンスが解る。非常に微妙だが家元《わたし》には理解《わか》る、粋と野暮、スレスレの粋なのだ。そのスレ〳〵にする野暮なほうの存在も、当然景山承知である。粋の裏腹に野暮の存在を含めないと粋でないということだ、と同時にそうしないと照れるだろう。おまけに、その選択は〝誰にも判るまい。家元にも分かるまい〟とすら思っている様子があった。

この自信、この気負いに漲《みな》ぎっている最中《さなか》の死であり、その多才なる能力を含めて返す〴〵もあの事故死は惜しい。

＊

八王子の奴ぁ新宿に住む家元より、はるか西方に位置したのも〝災い〟の源だったのか。

景山は、家元に対して、伝統芸として、はたまた家元の狂気には一目も、二目も置いていたが、物事全般、世の諸々《もろもろ》の事柄《ことがら》に対する知識、判断の自信ははるか上で、二人で喋ると、家元を上から見下ろしている態《てい》であったっけ。

勿論不快でも何ともない。〝偉い奴だ〟というむしろ〝快〟があった。

＊

「なア、オイ、進化論なんて嘘だよな」

「嘘ですよ」

「そうだろ、動物が進化するなら、鰐《わに》なんざァ、〝ハンドバッグにされちまう〟と判ったら、背中ぁ変えりゃあいいんだ、ハンドバッグの対象にならないようにさァ……」に景山、「師匠、それは無理ですよ、鰐の奴ぁ、腕が短いから、ショルダーという発想がないよ」これは受けたネ。景山との会話はいつもこれだ、この遊びが充分出来た。

また思う「惜しいなァ……」と。

八王子は落語も語りたかったろうが、むしろ己れはスタンダップコメディのほうが体型的にも向いている、と思っていたのではないだろうか。

彼の役所《やくどころ》は、そう、アメリカでいうと、スティーブ・アレンがいい。

一口にいやぁ物識りのジョーカーであるしＭＣ《マスターオブセレモニー》そのものである。

景山のもつ本来の辛辣さ、それが芸としてＴＶで出せたか、ＴＶ側がそれを容認しただろうか。直木賞「作家」ということで、いささか、ＴＶというセコ常識側も遠慮をして、奴の本来の癖が出せたら一つの典型の喋りとＭＣが誕生したのに……これもまた惜しい……。

＊

「おい、景山《あんた》のほうが大川隆法より頭脳《あたま》はいいだろうに……」に景山先生、即座に手ぇ振ったネ。

「とんでもないですよ……」とネ。

この辺になると、ナンダカワカンナイ……。

でも景山民夫、立川八王子、全盛で死にやがった。誉めてやる、でも惜しい……。

奴に会ったら、まづ家元《こっち》に何もいわせぬうちにまづ奴からきっという。

「あのネ、今回の、あれ、間違い、失敗《しく》じった、え、あれは駄目、失敗、師匠も気をつけたほうがいいですよ……」

常に己れの行動を客観視して、それを相手に説明している処は家元によく似てた。

ジュゴンと仲良くなり一緒に泳いだ話。

オルカが仁義を切るハナシ。

〝ナマケモノは最高の動物だ〟という景山噺。あ奴に識らないものはなかったらしい。

将来正に落語の御隠居様になれたのに、「やかん」の先生になれたのに本当に惜しい……惜しみてもあまりある。合掌。

(「週刊現代」一九九八年三月七日号／『談志百選』講談社 二〇〇〇年)

伊集院 静

一九五〇（昭和二五）年、山口県生まれ。『乳房』『受け月』『機関車先生』等小説のほか、「大人の流儀」シリーズ等エッセイでも人気を博す。作詞家としても多くのヒット曲を手がけた。近刊に『いとまの雪』など。

人となりは顔にでる

伊集院　今日はわざわざお越しいただいてありがとうございます。

立川　吉川（潮《うしお》）さんと一度一緒にお目にかかろうなんて言ってたんですけど、なかなか実現しなくて。

伊集院　お体はどうなんですか？

立川　うーん、周りから見りゃ独演会もやってるし、大丈夫だって言うんでしょうが、肝臓とか糖尿とかかっていろいろ数値がね。つまり何てぇのかな、わかりやすく言うと当人は内容的には文化人のつもりで、文化人が文明に怯えてるっていう状況ですよ。

伊集院　酒の方は飲んでらっしゃる？

立川　ここ五日ばかりは飲んでないんですよ。いや、飲んでないというのは、飲みたくないの。覚醒剤でも睡眠薬でも飽きちゃうの（笑）。今日は嬉しいから飲みますよ。（とビールをグッとあけて）ああ、うまい！　うまいなあ。

伊集院　今夜の酒の味は格別です。お逢いするのは二年前の冬に「芝浜」を聴かせてもらって以来です。あの夜はいい夜でした。

立川　先生は「芝浜」で女房から酒飲もうって言い出すのは見たことありますか？

伊集院　「先生」はやめて下さい。呼び捨ててください。「芝浜」で女房から酒を飲もうと言うのは見たことがありません。それでその場面の話が成立するのですか？

立川　たまたま実際に演《や》ってるときに、終演に近づいて女房が本当は夢じゃなかったと打ち明け話をして、「ありがとうよ。おまえのやったことはよかったんだ」と言ったあたりで、フッとね、感情注入したんですよ。それで女房が「お酒飲む？」って言い出す。

伊集院　へぇ〜。

立川　「あたし、お酒飲む」「え？　酒を飲みたい？」「ウン。飲む。飲もう、お酒」。で、あとはおんなじですよね。そんときのそれは素晴らしかったと自分で思える。ただ問題は、それがあたしの一つの形式として残ってしまったということで、次にやるとなると感情注入だって、形式に感情注入するようなことになっちゃうと。その形式がいやなんです。始末が悪いですよ。

伊集院　それがいやになってしまう？　飽きてしまう？　逆に言うと、ものごとにいつまでも執着できる人、飽きない人の方がカネ儲《もう》けができたりするところがありませんか。

立川　そうですね。あきない（商い）っていうくらいだから（笑）。

伊集院　人となりは顔に出ますかね。

立川　出るな。

伊集院　今、すったもんだしているIT産業の若い連中の顔なんかはどうですか？

立川　いやなツラだなあ。

伊集院　やはりそう見えますか。私も同感です。まだ表に出るツラじゃないだろうと。たかだかヒョッと摑んだカネにもの言わせてどうするんだって。

立川　あたしは、カネで解決するほど下品なことはないと思ってる。昔、湘南電車なんかで、二等車に乗ってる連中っていうのは品がよかった。なぜかっていうと、カネを払えば一応ファーストクラスでも何でも乗っけてくれたんだけど、そうじゃないだろうというのをどっかでわかってるような気がしましたね。まあ、田中角栄以降かもしれないけど、カネで済むっていうのはいやだなあ。

伊集院　将棋の升田《ますだ》（幸三《こうぞう》）が面白いことを言ったなと思ったのは、歳を取って名人になり、企業家や政治家に将棋を教えるようになった。今、権力を握ってるとか儲かってるという人のところへ将棋を指しにいって顔を見ると、あ、こいつは悪いやつだと。

立川　悪いってぇ定義は何なの。了見が悪いってこと？

伊集院　了見でしょうね。要するに、自分だけ儲かりゃいいっていう。それで、早く死んだ人がいい人だと言われるのは、可哀想だからそう言ってるのかと思っていたが、実は違っていたと。どうも悪いやつのほうが長生きするっていうんですよ（笑）。

立川　悪いとなんで長生きするのかね。欲望が強いからかしら。

伊集院　欲望？　そうかもしれませんね。粘着力とか執着心は摑んだ枝を離さない。

立川　ははあ。ちょっと違うかもしれないけど、あたしの好きな文句で「あっさりと恋も命もあきらめる江戸育ちほど悲しきはなし」っていうのがあるんですが、いい文句だなと思うね。

「あにさん」と呼びあう関係

伊集院　私が師匠と最初にお会いしたのは銀座の「まり花」という小さなお店で、色川（武大）さんに紹介をしていただきました。師匠は珍しく一人でザラッとこられましてね。どこからか逃げてこられたような感じだったんですよ。そのとき色川さんが「あにさん」って人を呼ぶのをはじめて聞いたものですから、よくわからなくて「談志さんとは親戚なんですか？」って言ったら、またそれを色川さんは喜ばれて（笑）。その夜は店が混んでましてね、色川さんを五、六人の編集者が囲んでいたんです。あんなに喜ばれる色川さんていうのは珍しくてびっくりしました。あとにもさきにも人のことを「あにさん」と呼ばれたことを聞いたことはないんですが、あれはまたどういう……。

立川　これはこっちの勝手なんですけど、兄兄的という中国語がありますわね、可という字を二つ書くような「哥」。「あにい」っていうのを含めて「あにさん」という言葉を先生はどうも好きらしいんだよね。一般的に芸能なんかに興味がある人にとっちゃ「あにさん」というのはいい言葉らしいんです。あたしは、楽屋の風潮だからそういう言い方をするんで、親しかったり、了見が合ったというのかな、「あにさん、あにさん」って。ただ向こうがこちらを「あにさん」って言ったのは、つまり別の意味の兄弟だと、あたしはそう思ってたんですよ。

伊集院　色事の方のつながりで？

立川　そうそう。それであたしが「あにさん」と呼ばれるんだと思ってたんですよ。あたしがあの世界に引きずり込んじゃったやつがいたもんですからね、カジ（梶山季之）さんとこに連れてって。

伊集院　ああ、そういう話があって……。

立川　うん。だけど違ったらしいんだよ。ふつうだったら、人間の内容的にも年齢的にも向こうのほうが素晴らしい。だから、こっちは年齢的に人生の先輩として「あにさん」、向こうはそういう意味で「あにさん」だと思ってた。

伊集院　色川さんがそういうふうに呼ばれた方はあとにもさきにもお一人だったんで非常に驚きました。

立川　そうですか。余談だけど小沢昭一が、オレの考え方、行動、体型、住んでる家を含めて落語家になればいちばん合ってたろうと。少なくともオレが落語家になってりゃ、円楽や談志はオレのことを「あにさん」って言うはずだったね（笑）。なるほどそのとおりでね、だからそういう意味で、色川先生も「あにさん」と呼ばれることも好きなんではないかと。それを承知で言うっていうのは非常にキザなんだけどね。

伊集院　お二人の様子にはキザは少しもありませんでした。色川さん自身がイヤミがない人ですからね。

立川　全くないね。

伊集院　文章を読んでも、知ってるということをひけらかす人ではないですね。師匠は色川さんとはいつごろお知り合いになられたんですか。

立川　ホントだったら、色川さんとはもっと前に知り合えたはずなんですが、あんな中だとかだとかが出てくるマージャン小説というのになじめなかったというのが

一つ。それから、あの人の周りにいる人たちのことを、こっちが勝手に決めたんだけど、合わないと決めたんですね。

伊集院　はあ。

立川　違うんだろうけど、彼の交遊関係とあたしの交遊関係というのは合わないと。合わないというのは、あたしはあまりこっち（文芸）の交遊関係っていうのはなかったんですよ、せいぜい田辺茂一先生、あと茂一っちゃんの兄弟分のカジさんとか、（川上）宗薫さんとか生島治郎、あの辺だった。

色川先生のとこに集まってくる、俗に言う文化人たちと自分はどうも違う。違う根底は、こっちが落語家である。落語家というのは芸人で、ある意味において文筆業なんかに対して、まあ、昔の人たちはコンプレックスを持ってる。コンプレックスだったのか、非常に謙虚だったのか、自分たちは芸人だから、そういう偉い先生たちとは一線を画すべきだということもあったと思いますよね。それがあたしにはなかった。むしろ反発があったぐらいで、「たかが文士じゃねえか、この野郎」みたいな部分もあったもんですからね、あの人の内容がわかれば、もっと早くあの人のふところへ飛び込んでいけたのにな、という悔やみはあります。

伊集院　わかります。

立川　あの人の持つ、人生に対するかたわであるというような生き方ですか。だけど、若いときの写真なんか見てるとかたわでも何でもないし、颯爽としてる。
伊集院　本当です。男振りがいい若者という感じです。私は、お二人に共通してるのは色気だと思うんですけどね。
立川　あ、色気か（笑）。それはね、書くべきこっちゃなくて、二人でしゃべるべきことなんだけど、性的にあの人もフェチの部分がありますね。
伊集院　ほう、そのあたりを見ていらっしゃる？　私も、旅の途中で言われたのが、目の前をいろんな人が通りすぎるけれども、究極はやっぱり完璧たるオナニーを仕上げなきゃいけないって。
立川　そう思いますね。あたしが今それですもん。
伊集院　私はそのころはまだちょっと女を追いかけてたもんですから。
立川　もてまくって（笑）。
伊集院　そんなことはないです。
立川　女性は究極的なオナニーのために存在する。けども、存在する女性が一般的な付き合いの中でいやな部分があっても、あたしは根底がわかりますからそれは否定しません。その部分で平気でいられるんです。だって、悪いとこばかりじゃありませんから、いい部分もありますからね。

人間は記憶力がいちばん大事

立川　で、また話を戻すと、あにさんが、本にも書いてたように三月十日の東京大空襲のときにあきれたぼういずと一緒にいたというあのものすごさ。なんで自己をかたわとしてしまったのかと。頭がよくてちゃんとしてて芸が理解《わか》って優しくって、そして鋭くって、それなのになんであんなに、何ていうのかな、かたわの住んでいる芸の世界のところに身をおく必要があるのかと。これは必要があるとかないとかという問題じゃないんでしょうけど。

伊集院　そこへ行かざるを得ないというか、どうしようもなかったんでしょうかね。

立川　オレはわからない。『狂人日記』が読売文学賞かなんかもらったけど、最初はよくわからなかった。芸の世界で言うと、ごく簡単に、やれ、あきれたぼういずがどうだった、シミキンがどうだったとかって、そういうことの懐かしさの話が主で、それはシミキンの芸の内容の分解よりも、シミキンの行動を二人でしゃべることによる夜の酒のほうがうまいわけですよ。それはアメリカでやるらしいけど、思い出ゲーム。つまりあのころのヤンキースにはディマジオがいて、リズトーがショートにいてヨギ・ベラがキャッチャーで、後になるとミッキー・マントルもいてっていうのと同じで、あるときは映画であるときは文学でというように、軽演劇とか寄席芸能の話をしてたというほうが多かったんでね。そのうちに、例の幽霊が出るという話からだんだん親しくなって、いろいろ見てるうちに、〝ものすげえや〟と思いはじめましてね。今までしゃべったことは、〝面白いや〟っていうんでまとめたんじゃ全くみっともなくてばかにされちゃうと思うけど。

伊集院　いえ、そんなことはありません。あの夜も師匠が去られたあとは、なんだか火が消えたみたいになりまして、それでみんな三々五々、バラバラになって、私は色川さんとちょっとぶらつこうかって歩きはじめたんです。その時、色川さんが珍しく、大変に機嫌がいいんですね。

立川　ほう。

伊集院　実は師匠が見えたときから機嫌が急に変わったなと気付いていました。そういうことを表に出さない人でしたから、よけいにおやっ、と思った。その日はいろいろ仕事を引き受けなきゃいけないという何か面倒な夜でして……大体、仕事を引き受けない方だったんで、それまで不機嫌だった。

立川　引き受けないというのは、好きな仕事がないということなんですか。それとも体力の問題なのかな。

伊集院　どうしても色川武大と阿佐田哲也という世界があって、二通りの編集者が片や色川武大の作品が欲しい、片や阿佐田哲也の作品が欲しいと。阿佐田哲也が欲しいという人は匂いでわかるんですね。打ち合わせもそのへんの居酒屋になる。色川武大が欲しいほうはちょっとした席を設ける。ところが、色川武大のほうは二年に一作、三年に一作のペースでしか書いていらっしゃらないから、だからどうしてもそこをまとめてこられると困ったなと。

立川　『あちゃらかぱいッ』はどっちに入るんですか。

伊集院　『あちゃらかぱいッ』は色川武大に寄ってるほうだと思いますね。『あちゃらかぱいッ』というのは、さっきおっしゃったように、私はあんまりかたわとは言いにくいんですけれども（笑）、そこの基礎にあるもんですからね。どうも客を演じるほうもみんなテレてて、それでおかしいから、この感覚だと自分もここでは生きていけるんじゃないかと。

立川　ああ、ああ。

伊集院　その延長線をたどっていくと、それは『狂人』も同じだろうと。芸にはテレがないとひどいものになりますでしょう。これは小説も同じでして。そういうテレている感覚があるから、繊細さというのが出てくる。その周辺を突き詰めるとやっぱりおかしくなるだろうと。

立川　「坊や哲」はこっちへきちゃうんですか。

伊集院　「坊や哲」はそうですね。色川さんはナルコレプシーというのであああいうふうにお休みになりますよね。みんなは気持ちよく休んでるというんだけど、ご本人は寝てる最中は非常に苦しいらしくて。

立川　分解したってしょうがないけど、寝ちゃうのが苦しいっていうことは、起きていることを前提にしないといけないから苦しいのか。

伊集院　そういうことでしょうね。それで、私はそのとき色川さんのものを大体読んでいて、その中で、あれは何でしたか、師匠が六十になったら大家になると書かれて。

立川　はい。あれが今、強烈に残ってるんです、あたしの中に。言いやがったなと思ってます。

伊集院　あれは師匠がおいくつぐらいのときですか。

立川　たぶん四十から五十。それはたまたまどっかで読んだか聞いたんですよ。そのときはわかんなかった、はっきり言って。で、今になって結果的にそのとおりになってるんです。それは自惚《うぬぼ》れも含めて、自己だけの判断ですけどね。

伊集院　そんなことはありません。

立川　今はいいんです。ただ、六十代のもっと前半で欲しかったなと思いますね。今、六十八で、自分の中ではここ二年ぐらい、色川武大の言ったことがまさにそのとおりだ。はは あ、みごとに喝破されてたんだなと。それは、過去のそういう例を見てたのか、例えばエノケンやシミキンに見てるのか、あたしだけを見たのか。あたしだけを見て物事ってぇのはあり得ないと思います。

伊集院 そうですね。でも、あれはとても恐いことを書かれましたね。

立川 恐さと、嬉しさはなかったか。まあ、よくなるっていうんだからべつに悪くは思わないわな。だけど、はたしてこの場合、具体的にはどういうことか。スポーツ選手ならこいつは二年たつとこれだけ跳べるようになるというのはわかるけども、そういう意味じゃないだろうと。

伊集院 色川さんは断定をしない方でしたが、師匠のことだけは何か予言するみたいに書いてあります。

立川 具体的に芸の内容について何も書いてないし、二人でしゃべったこともないんですよ。

伊集院 ああ、そうでしたか。

立川 ただ、一つ憶えてるのは、「あにさんのくさる顔がいいな」って。これは落語の内部的な話なんですけど、昔、吉井勇《いさむ》が三人の落語家、馬生と馬楽と小せんというのを書きまして、その馬楽という人はうたい調子の非常に軽い、何ともたまらない、これこそ江戸であると。余談だけどあまりほめたんで文楽師匠が自分の女を馬楽にとられちゃったという有名な話がありますけどね。で、落語の場合、AがBに何か言うとBがくさるというときに、それをこないだ死んだ春風亭柳好、「野ざらし」の柳好が口をブギュッ、ブギュッて変な音を出すんですよ。それは馬生のまねだっていうんですけども、あたしはくさる顔を、落語家ってのは金語楼師匠みたいに顔をつくって笑わせるのはよくないっていう風潮があったんですが、待てよ、そんなことはないんじゃないかってんでこういう顔をするんですよ（眼鏡をとって顔をクシャッとする）。すると、「あにさんのくさる顔がいいね」ってほめてくれた。「実はね、それはあにさんにウケようとしてつくった顔なんだ」って言ったんです（笑）。

伊集院　色川さんは妙なものがお好きでしたですよね。『あちゃらかぱいッ』を見ても、

桃太郎（昔々亭）とか浪花大関とか。

立川　浪花大関なんてなんで知ってるの？

伊集院　いや、それは一応私も下調べを少ししまして。色川さんが、「談志という人はああ見えて、一度見たものはずっと忘れない人だから。彼の記憶力ってのは大したもんだ」と言っていました。私は色川さんの記憶力のすごさもよく知ってるんです。全国の競輪場

を一緒に回りまして、青森競輪にきたのは十五年ぶりじゃないかと言っても、「たしかあの路地の先に店が一軒あったはずだ。そこのメシがうまかった」。食べることは異様に好きでしたから。それで行ってみると、ちゃんと店があるんですよ。そこにはこういうおばさんがいてというのは、もう亡くなってたんですけど。

立川 今、フッと感じたんだけど、あの人の小説は全てそこから始まってるような気がする。記憶と、もちろんそこにセンスが加わるわけでしょうけど。

伊集院 その記憶のよい人が師匠は非常に記憶がよいとおっしゃって、私は、ああ、やっぱり人間は記憶がいちばん大事なんだと（笑）。

立川 その記憶の問題で、談論だから勘弁してもらうけど、ガキのころから変な記憶を持ってるコだって言われて、「よくそんなこと知ってるね」って言われましてね。それがそのまま育っちゃったから、話す相手がなくなっちゃって非常に淋しい状況なんですが、色川さんは芸人に対して具体的にほめるとか芸の分解はしなかった。あたしのこともしなかったくらいだから、他の人のもしなかった。

伊集院 色川さんについては評論家とか作家が書いてますし、同業者とか仕事の相手と話をしますといろんなほめ言葉を言いますけど、師匠が書かれた『怪しい交遊録』の解説は好きですね。気配が違う。これ以上のものは、おまえたち作家、評論家じゃ書けねえだろうって（笑）。

立川　ケハエ（毛生え）薬ってのはあるけど（笑）。色川さんは芸人に対しても誰に対しても優しくて、それはあの人の豊かさでもあろうが、いい加減にしろって言いたくなるね。いくら優しいにも限度があるよって。前に書いたけど、「なんであんな有象無象と遊んでるの、てめえで銭まで出して」って聞いたことがあって、「だって、奢らないと遊んでくれないんだよ」って、半分シャレなんだかホンネなんだかわかんない返事で、あそこまで優しくされると、今まで書いたものが全部優しさで統一されて薄くなっちゃうよってオレは言いたかったたな。

伊集院　わかります。例えばそんなに親しくない人でも、ほんのちょっと一緒にいるようなことがあると、翌々週ぐらいには「私と色川武大」なんて書いてあるわけですよ。こういうことがあるから「もうやめたらどうですか。誤解されますよ」と言っても、「ほめてくれてるから、いいんじゃないか」とかって……。

立川　あ、そういうことか。

伊集院　でも、「あにさん」って呼び合うのを、あんなに子どものように喜んでおられるような人だから。

立川　だから、生意気なことを言えば、もっとオレと付き合えよって、そんな気持ちがありましたね。もっとオレと話そうって言ったような。言ってないかも。

江戸っ子と作家の品性

伊集院　これは文学の方の話なんですけど、色川武大というのは消えないんですね。いい新人が出てくるたびに色川武大を読んでるんです。

立川　ああ、いいこと言ってくれたなあ。

伊集院　それは勘でわかるものがありますからね。例えば吉行（淳之介）さんが非常に色川さんを大事になさった。小林秀雄が最後の評論で誉めたのは色川武大なんです。短編の「百」という作品ですが、えらいのが現れたぞって。その時に吉行さんは「結局全部は読めてないんだな、小林さんでも」って。要するに前からいいのは書いていたし、もっと奥があるという話で。

立川　いやあ、小説はあんまり読んでないんで何とも言えないんですが、こないだたまたま永井荷風を読んでいて、荷風は『ふらんす物語』とかああいう、ただセーヌの河畔にヴィオロンの響きって、そのヴィオロンって言葉が好きなんです。それで『あめりか物語』というのは荷風が二十四から二十八ぐらいの間ですね、その中の「時間の奴隷になるな」っていう文章にひっかかったんですね。あ、これだっていう感じで。恋とは書いてなかったけど詩歌に、または酒に酔ってろと。それが今、時間の奴隷になってるんですよ。

妙な例なんですけど、前に選挙の応援にいきまして、そこそこ効果があったもんですから、もうちょっとやってくれと言うんだけど、時間が勿体《もったい》ないからいやだと。カネで計算すると、今、時給という言葉があるけど、一分それこそ八千円から一万円ぐらいするんだよな。高いカネなんだ。でもいやだった。それはやりたくない相手の為に己れの時間をとられるからだったが、いまは己れの時間なのに、だんだん時間の奴隷になってきたような気がするの。することあるんですよ、早く、この空間時間よ過ぎろってネ。芸のことを考えたり、こういう幸せな時間もあるんだけど。

伊集院　ありがとうございます。

立川　それと同じように、「時間の奴隷になるな」なんという、このトシになって発見するような文章が今の小説家にあるのかという問題。違ってもいいですよ、「美は乱調のもとにあり」でも何でもいいんですよ。だって、荷風は二十四であったんですから。あたしの場合の小説というのはとにかくストーリーです。それから、基本的には東京人が好きなのかな。

伊集院　今、話された永井荷風とか。

立川　もっと俗なの。俗っちゃ悪いけども、岡本綺堂とか子母澤寛の世界なんですよ。だから、司馬遼（太郎）も最初はいいけど、紀行文になっちゃうといやなんです。あたしにとって、子母澤さんの方が品がいいっていうとちょっと違うかもしれないけど、田舎っぺえと江戸っ子の違いみたいな気がする。江戸っ子の定義っていうのは、生まれがどこだろうが知らないよ、どこでもいい。御一新のときにどっちに味方するかでもって江戸っ子を決めちゃう。ベトナムで生まれようが（笑）、秋田県で生まれようが、御一新のときに榊《さかき》原鍵吉《ばらけんきち》に行くのか、それとも大村益次郎に行っちゃうのかってその一点で決めちゃう。

伊集院　それははっきりしていていいですね。子母澤さんは品があるのではないですか。それに『父子鷹』などは海舟に逢った人と作家が接している。生き証人としての江戸っ子という印象がありますし、『味覚極楽』などは江戸の味を書いた名著です。作家にとって品性は一番大切なものです。そこに惚れてもらえば、あとは何書いたっていいんだよ、あの人の書くものは皆買うって、これが一番いいんです。師匠の独り会にあれだけの人が集まりますよね。そのことを色川さんは、六十を超えたらとおっしゃったんだと思うんですよ。

立川　ああ、そこへ行くのか。

伊集院　何をしても最後は師匠のところへ集まってくると。他は飽いてくるよと。それを最初から色川さんは見てらしたんじゃないでしょうか。政治と酒はどっちが大事かって言ったら、そりゃ酒が大事に決まってるだろうって。私はあの沖縄での一件での会見が一つの分かれ目だったような気もするんですけどね。

立川　ただね、手塚治虫さんが二度とあそこに行かないでくださいねって。なんで言ったんだかいまだにわからないんですけどね、あれだけの天才が言うんだから。また、よく〝なんで政治へ行ったんですか〟って言われるんですが、要するに好奇心ですよ。ついでに言うと、人間というのは好奇心しかないいんじゃないかと。政治っていうのは政治家がやることであって芸人は芸をやるべきであるということなんだけども、〝待てよ〟と。小説家もその中に入れていいか悪いかっていうのはまた分かれるとこだろうけど、あたしはむしろ政治であろうが何であろうが、折角タレント議員ブームなんていうのがきたんだから、それへのっちまえというぐらいのオッチョコチョイでなければ落語なんぞやったって面白くならねえだろうと、こう決めたんですよ。それも、決めたのはあとからきた理由で、ただ行きたかったのかもしれないんですけどね。

で、行きました。案の定、一つは本当にあすこで人間が語れるような部分がいくらかできてくれば政治もずいぶん変わるだろうというのがあったけど、それは蟷螂《とうろう》の斧《おの》でどうにもなんないことであって、ピエロという形でやってやろうかなと思ったら藤原弘達《ひろたつ》に「殺されるぞ、おまえ」って言われたことがあるんです。

伊集院　そういう時代だったんですか、まだ。殺されるぞっていう。

立川　かもしれませんな。それでね、沖縄で世間一般に言うとしくじったから、石原慎太郎のやつが「あやまれよ」って言うんだけど、「いやだよ」って。「あやまるとおまえの人生にまた幅ができる」って言うから、「いやだ、そんな幅は嫌いだ」って(笑)。そんときに寄席へ出たんですよ。そしたら、寄席の呼び込みのすごさは「さあ、いらっしゃい、いらっしゃい。政務次官のしくじりが今出ますよ」っつうんだよね(笑)。見事な見世者になってる。今までは落語がうまいかまずいか、面白いか面白くないかが結果であり勝負であったけど、そんなものクソ食らえで、出ていくだけで〝ドヒャアー〟なんだ。つまり人間そのものの存在価値。もちろん伝統芸ですから形式も大事、大事なんていう簡単な言葉で済まないくらい大事だろうけど、パーソナリティ以外何ものもないんじゃないかと。だから、パーソナリティ・プラス・アルファ、パーソナリティにスリリングだな。それは「先生」というといやがるかもしれないけど……。

伊集院　「先生」はかんべんして下さい。

立川　そのうち自然に言う。イジュ公って(笑)。そのスリリングさは、あたしは疲れてちょっと離れてるからわからないのかもしれないけど、小説から少し消えてる気がする。

伊集院　おっしゃるとおりかもしれません。

立川　そうですか。

伊集院　小説は社会の変化に当然反応し、変容するものですが、作家の個性、世の中での立ち方、座り方は毅然としておくべきものだと私は思います。ちゃらちゃらできる職業ではないと思っています。もし作家をさせておかなかったら犯罪者であったかもしれないという面もあってしかるべきかと。近頃は君は本当に作家かという人もいます。ただ、色川さんは特別ですからね、存在が。

立川　ねえ。

人間の業とイリュージョン

伊集院　その人の存在価値というのは、持って生まれたものがないとこれはやっぱりだめなんでしょうね、芸というものは。

立川　でしょうな。だから、僕はよく「努力とはバカに与えた夢だ」って書くんですけどね（笑）。弟子でもきたときわかりますもん、こいつはというのは。もちろん、中にはその中でいくらかプラスになったり、意外なプラスがあったりする部分もありますけど、最終的にはそれだろうって気がしますね。

伊集院　小説の場合はわかるとかわからないとかいうことを言うんです。それは私に言わせるとわかりゃしませんよと。こっちもわからないで書いてるときもあるわけですから。

立川　逆に、なんだ、この程度はわかっちゃうのか、こいつらにっていうのもありますね。

伊集院　そうですね。それとおかしいのが、泣ければいいのか、小説は、というのがこの頃ある。さらに言うと、泣き方ってものがあるだろうって思いますね。誰も彼もみんながみんな、これは泣けますっていうのは違うだろうって。

立川　泣くなんぞはわけねえんだ、こうやりゃいいんだというのがあるから。あ、できないか。

伊集院　それがなかなか。

立川　例えば野球の解説なんかでも、聞いてるとばかばかしいやね、三対三、勝負はこれからですなんてよく言うよ、このバカ野郎って。だけど、そのバカなことがウケてるという。そうなると、あたしの了見の中に、二律背反してんですけど、じゃ、おまえは解説ができるかったら、あんなバカな解説はできません。これをできないというんです。ふつうの人は、できるけどやらないと言って、できないんです。だけどね、できないというのを前提に、片っ端からやっちゃってみようって了見はできませんか。笑わせるんなら笑わしてやろうと。血沸き肉躍るんなら書いてやろうじゃねえかって、そういう了見はない？

伊集院　それはまだ構えがあるでしょうな、私に（笑）。

立川　オレはむしろ西鶴の、どこまで知ってるか、たまたまバーッて読んだだけだけど、お地蔵様かなんかあってそこでいろいろ思い出すのがありましたな。あすこまで書きゃいいと思うんですよ。

伊集院　西鶴の話が出ましたからお聞きしたいのですが、師匠は「黄金餅」や「富久」に代表される、どうにもならない貧困、人間が生きていくぎりぎりの世界を演じられますが、あの世界に人がこしらえた社会、世の中の矛盾、これを話の根元で問うところがある。人情咄《ばなし》の根はこのあたりにあるのでしょうか。

立川　人情咄というよりも人間の話、人間の業《ごう》の咄です。その業の肯定とでもいいますか……。

伊集院　あともうひとつはイリュージョンと言いますか、私たち人間が個々に持っている説明不可能な部分。当人も含めてワケがわからない、ひょっとして一番人間らしいところを、師匠は話の中でヌルリと出されます。実はこれが近代文学が対峙《たいじ》した最大のテーマでして、今なお解けない。『狂人日記』もこの周辺にある。そこらあたりの話というか、師匠が意識されているのかをお聞きしたいのですが……。

立川　ウーン、説明がねえ……何と言おうか、つまり常識に対する非常識で、それを認めちゃう。この辺は、まあ判りやすい。早い話が「黄金餅」もそうです。でも、その奥というか、常識にも非常識にも入らないその人だけのモノ、それは感情なのだろうが、聞いた方は判らない。説明する方にもよく解らない、脈絡もない、要するにワカラナイ。頭の中に、その人の心の中にコンピュータを入れても判明しない。また当人も理解したくないのだろうし……。で、とりあえずそれを「イリュージョン」と称《い》ってるんです。

伊集院　なるほど。そのあたりを私は今もうろうろしていまして。もっと学んだり問うたりしなきゃいけないと思ってはいるのですが、この歳になると学ぶも問うもなかなか身に付きませんので……。そんなに無理してやることじゃないんでしょうか。

立川　いやあ、やりゃあいい。「学問は貧乏人の暇潰し」ですしネ（笑）。

（「小説現代」二〇〇五年一月号）

対談　カネが仇《かたき》の世の中、か⁉

人生を否定する必要

伊集院　ご無沙汰していました。
立川　こちらこそどうも。
伊集院　お変わりないですね。
立川　いやあ、一見変わらないんですけどね、ダメだな。今、六十九。もう少しで七十になりますが、この三、四年前まですごくよかったんです。
伊集院　はあ？
立川　それで、そんときは、われながら「どうだ！」と言わんばかりの芸ができた。「芝浜」もそうだろうけど、「つるつる」だとか「居残り」だとか「死神」だとか、または軽い話でもね、「まんじゅうこわい」なんてぇのを、ここまでこしらえられんのかっていうとこまでやってたんです。それがね、ここ一、二年でガクンってパワーが落ちちゃった。

ただね、観客は喜んでくれてんですよ。で、聴き手の手練《てだれ》も「どこが悪いの」って言うんです。こっちは何やってもしっくりこないの。早い話がおじいさんになったんだからどうってことないんですけどね（笑）。

伊集院　なるほど（笑）。

立川　昔、志ん生師匠に「師匠、いてくれるだけでいいよ」って言ったことがあるんですよ、志ん生がいればいい、志ん生を愛してる、見てるだけでもいいよってね。今それと同じようなことを言ってくれるファンも多いんですよ。いてくれよ、談志がいてくれるだけでいいんだと。

伊集院　師匠は、志ん生さんの最後のあたりの高座をごらんになったとは思うんですけども、そのときの印象はどうだったんですか。

立川　出来からいったら無残なものですよ、そりゃ。悪《わり》ぃがとても聴いちゃいらんないと。まして「鰍沢《かじかざわ》」なんて、あんな人情話的なものをやられると、元々ああいう話はヘタクソですからね。よしゃあいいのにやるんですよね。なぜやるかって話は専門になっちゃうからよしますけど。

とにかく、「助けてくださいよ」ですよ、あたしは今。「どうすりゃいいんです」ってやつですよ。

伊集院　いやいや、そんな。ただね、師匠も懇意《こんい》にしてらした色川さんは亡くなる二、三年前、短編小説の終わり方を、ちょっと鮮やかな感じに書いていた時期があった。あんまり鮮やかなことを書かない人だったんだけど。

ある小説で、三人の男がずーっと遊んでて、いちばん遊んでるやつが主人公なんですが、いろんなことがあって、女も殺しちゃったんじゃないかというような気配もある。で、一人の遊び友達だった男の墓参りに行って、最後の場面で岬に立って、残りの二人が「アンちゃん、いろいろあったしな。あれも死んだけど、生きてりゃあんたも大変だったよな」って言うと、その主人公はポツリと「案外だったな、人生ってのは」ってこぼすんですよ。

確かに鮮やかなんだけど、そこまで書いておいて「案外だった」と言わせっかよという違和感があって、最初読んだときは「なかなかだな」って思ったんですが、だんだんこのぐらいの歳になってくると、そこまで言わなきゃならない大変さが逆に書き手の側にあって、だからそれを「案外」とおさめなきゃいけなかったんじゃないかと、今はそう思うんです。そこで一回、たとえば人生ってものを否定しておかないといけなかったんじゃないかと。

立川　ああ、そうくるか。

伊集院　もう一つは、有名な「百」という作品の最後で、親父がトチ狂っちゃって、集まれって言われて家族全員が集まると、親父がいきなり「庭に今クマがいるからちょっと見てこい」と言い出す。そうするとみんな、「あ、クマがいるのか」と思って、「見てきます」って全員立ち上がってぞろぞろと外へ出ていく、それで話は終わるんです。

それも非常に鮮やかで、親父が狂気に入ってるという部分がより生き生きと描かれるんだけども、その二つのことをあるとき色川さんに聞いたことがあるんですよ。「短編というのはそういうふうにおさめにゃいかんのですかね」と。そうしたら「いや、あれはやっぱちょっとよかねえな」と言ったんです。色川さんはちょうどそのとき、これから新しい小説をやってみたいんだという話をされていた。「百」とかは評価されてるけど、「ちょっとよかねえな」っていうね。その話を今たまたま思い出して。

まあ、どうしたらいいって言われたらですね、そら師匠、何かしようとしてるんじゃないですか、という話でしょう。

立川　何かしようってえのは?

伊集院　それは私は想像がつかないですけどね、要するに何か仕事をしようとしてるんじゃないんですかって。もし私が色川さんだったら、「それはアニさん、あなたはまた何かしようとしてるんだよ。困ったね」という話で。

立川　ああ。だって、するしかしょうがないですから。

ただね、あたしの場合はね、医学という文明のやつらから「具合が悪い」と言われてるんですよ、糖尿と肝臓で。当人は何でもなくて、医者がいなけりゃ元気なんですよね（笑）。医者がそうだと言ってるだけで、当人は痛くないし、歩けるし、飲めるし、旨《うま》いし。まあ病気というのがたまたまあったから引きずられてるのかもしれねえし、今言ってくれたような話なら、ありがてえな。嬉しいな。この歳んなって何かきてるんなら。

いやはや、だらしのねえ。ひとのことはブーブー言ったり、分解したつもりでいるくせに、てめえのことになるとなーんにもわからない。

伊集院　師匠、女性《にょしょう》のほうはどうなんですか。

立川　女性のほうはね、瘋癲《ふうてん》老人になれば大丈夫ですね。自分のセックスのフェティシズムを満足できるような状況ならばいいんでしょうね。だけど、フェチを満足させるためには、やっぱり自分の名前もあるしね、なかなか瘋癲老人にはなれないという部分があるわな。それがわかる女でもいたらね、それはそれでいけるんじゃないかと思いますね。

まあ、しょせん最終的にはみんな肉体を借りたオナニーだって言やあそれっきりなんですけど、今までフェチをどうやって解消してきたかというと麻薬ですよ。だけど、相手がいるとすると、そこでフェティシズムが合えばいいですよ。ただ、合わない場合は自己の想像で埋めていくってのができるのか。まあ、できるかっていうか埋めるよりしょうがないんですけどね。埋めた場合に、相手の女性なるものが生活上で意見の違いがあってお互いが反発し合ったときに、こっち側から言わせりゃ裏切られた場合、問題はそれが麻薬ということになると、これは抹殺されますわな。

伊集院　そうですね。

立川　それはどうもあんまりいいことじゃないからというので、相手の女を求めたのは一度くらいあったかな。だけど結局それは無理なんで、麻薬もやめちゃった。とどのつまり、あたしは麻薬にのめり込めないいんですよ。

伊集院　快楽に関しては同じエリアに入るってことはなかなか。持って生まれたものだから。

立川　ないでしょうね。だから、同じエリアに入らなくても、男であって向こうが女であれば一つの世界に入れるという、これを世間ではスケベエというんだろうけども。

伊集院　向こうが歩み寄って演じてくれれば、ね。

立川　非常に健康ですよね。あれこれ考えずに、自分の好きな顔で、その程度でいいとわりきれば、もっと極端に言えば女体であればそれでいいというのもいるかもしれませんですよね。そういう意味では、若さということにおいてそういったところで処理した部分もあるでしょう。けど、あたしはわりとマニアックだったからそういう一般的なことはしなかった。それがだんだん性的に衰えて、肉体的に衰えてくるとフェティシズムが強くなる。強くなったときに、話を戻すと瘋癲老人みたいなことになるならば、それはそれでいいだろうと。でも、それもそのうちなくなってくるんじゃないかという気もしますね。

カネが仇《かたき》の世の中で……

伊集院　博打打ちは博打を終えると、名が出てる人間ほどそのあとの切り換えができない。たいがいは薬に走るか女に走るかになるんです。女に走るほうは、よく博打打ちは家族を持たないで独り暮らしというんだけど、逆説があってやたら子どもをつくってる博打打ちというのがじつは多いんだと（笑）。私も博打は好きなんで、勝っても負けても終わったあとなかなかおさまりが悪いもんだな、というのがあるんです。「もう博打は終わりかよ」という。それを解消するのに女の肉体とかそういうのは手頃でね。

あるとき色川さんが次に書く小説についての話をしていたときにたまたま、「いや、先生、私はいつも女で苦労するんだけど、欲望というのはどうしたらいいんでしょうね」「それは君ね、僕は今、究極のオナニーというところをずっと考えてるんだ、十年ぐらいだけども」って言うわけです。そういう話とフェチのことは共通しますからね。

師匠と色川さん、仲のよかった人は同じようなことを考えるんだなと思って、今その話を思い出したんですが。

立川　食欲がなくなるのはかまわないけども、フェティシズムがなくなってくるのは、どうも違う気がするんですね。あれは食欲じゃなくて、精神なんだから。衰えたら衰えたなりに、領域は狭くなってもそれだけに鋭い線のほうへ入ってくるのではないかと。その鋭い線もなくなってきてるような感じがありますな。だからなおさら、そうでないはずなんだという論理を探したいんですがね。

伊集院　今年のはじめですかね、新聞で、「仕事」ということについて語ってらっしゃいましたね。よく若い人に親やマスコミを含めた大人たちが、個性を生かす好きなことをさせろって言うけども、そういう考え方こそが間違ってると。師匠は若いときに噺家になろうと決められて、門を叩かれてますよね。迷いはなかったんですか。

立川　なかったですね。たいがいの場合は、自分の才能と周りの状況とかいろんなものを含めて、できるかなとか考えますよね。そこにはもちろん金銭の問題も関わるでしょう。普通はそういうのを含めて客観的に判断するんですけどね、あたしはそういう判断一切なしにとび込んじゃったみたい。

落語以外では、コックになろうかなと思ったこともあるんですよね、料理好きなもんですから。ただ、それはどうも大変だろうなと。だから、もし落語がダメなら、それこそ泥棒まで考えましたけどね（笑）。盗っ人《ぬすと》になるのはいいけども、捕まるといやだなとか。だけど、盗っ人は罪の意識があるけど、今の噺家は罪の意識がねえだけ始末が悪いって話なんですけどね（笑）。まあ、落語にとび込んじゃった。

伊集院　金銭的な面で言ったら、そのころだったらもっといいものがあったと思うんです。あっちへ行ったらどういう暮らしになるんだとか、女は寄ってくるのかとか。そういう客観性は全然なく？

立川　だって、女がこないと思ってたもん、落語家なんか（笑）。落語家になってから、ときたま楽屋の窓から外を覗《のぞ》いていて、学生服とセーラー服が通ったりすると、ああ、こういう世界も羨ましいなと思ったこともありましたけどね。

でもね、これは全く余談だけど、若いうちはあんまりもてないほうがいいね。もてるとろくな女につかまらないよ（笑）。そんなときはひとを笑わしたりするという料簡が、そもそももてなかったの。ユーモアのあるやつは不真面目だっていうんでね。今みたいな時代と全く違ったから、冗談を言うだけであいつはふざけてるとか何とかってね。

伊集院　軽いと。

立川　うん。それでもてなかったですね。

伊集院　今は逆みたいですね。

立川　逆ですなあ。
伊集院　逆というより、女がバカになったということだね。
立川　だから、だんだん自分が売れてきて、最初は向こうは売れてるということでもって相手にしてたんだろうけど、そのうちに自分の持っている知識をユーモアをいっぱい使って話してやると、向こうがバカでないかぎり、たいがいすぐ薬籠中《やくろうちゅう》になるなという自信はありましたね。やるやらせないは別として、とにかく俺に惚れるだろうというのはあって、今でもそれはありますね。
伊集院　今でもずいぶん、師匠は色気があるから。一回お願いしたいという女の人はいますもんな。
立川　いやいや、んなことは。
伊集院　いや、けっこうな数ですよ。ただ、あの人は病気だから体力を使わしちゃいけないというのがあるんで（笑）。
立川　そっちはどうなんです？
伊集院　いやいや（笑）。
　私はですね、ただただ野球をやってきて、大学は野球で呼ばれて上京したんです。学生野球というのは知能指数でいうとみんな中の下とか下の下ってわけで、これは元々バカなのか、野球やることでバカになっていくのかよくわからないんだけど（笑）、その中で上を目指したけれど、どうもこれはダメらしいと気づくんです。これは客観性があったわけですよ。おそらく、契約金はもらえる。カネは入ってくる、女は寄ってくるっていうね。だけど、元々判断能力がなかったせいもあるんだけれど、これはこのまま続けても、せいぜい何年かプロで生活して、引き上げてからどっかの社会人野球の監督かなんかになるのがオチだろうと。それで、地方へ行って宴会のときに「監督」とか言われて、陰でスナックのおネエちゃんなんか引っ張り込むぐらいしかできないんじゃないか。これはダメだと気がついて、それから私は十五年ぐらい探すんですよ、何やったらいいんだって。

　ところが、女はできてるし、子どもはできてるし、カネは要るしっていうんで、とりあえずカネになる仕事をやんなきゃいけない。となると、荒っぽい仕事じゃないとカネは入ってこないわけですよ。だから、ここにあるものを夜中に持ってってくんねえかと言われて、それは何だとは聞けないし、大体持ってってくれって頼んでるやつがおかしなやつらだし。だけど、これを持ってきゃくれるんだなと。で、「誰かついてくるのか」って聞くと「いや、あんた一人だ」「持って逃げたらどうするんだよ」「いや、あんたは逃げねえ、カネが要るんだから」って言うんで半金渡されて、半金欲しさにまた戻ってきてっていうね。

私の考えではそのときの体験で、カネを得る仕事というのは大体そういうもんだろうというのがある。今のファンドの連中なんかを見てると、とにかくてめえのもんじゃねえものをどっかへ移す。そこから得るものを狙ってるっていうんで、TBSであろうが阪神であろうがモノは何でもいいという。死の商人とは言わないけども、やつらはその程度のものだろうと底が見えてしまうんです。

立川 昔の死の商人はね、ドイツのクルップでも三菱でも、モノをこしらえてましたよね、兵器であろうが何であろうが。あいつら、何にもこしらえてないよね。

バーナード・ショーとかマーク・トウェインとかあのころの時代の誰かの文句だろうけども、「私は株の売買ブローカーを人類と認めない」と発言したのがいましたね。

伊集院 いました。

立川 やっぱりあたしたちはそういう教育を受けたんですね。つまり、カネ、カネって言うやつはよくないやつだ、恥っさらしだと。カネは必要なんだけども、志ん生師匠も「カネが仇の世の中で、どうか仇にめぐり合いたい」なんてなことを言って笑わせてましたけども、それは恥なんだという教育がされてましたな。だから、腹が立つんでしょう。ただ、その教育がはたして正しかったのかどうなのか。あの状況に対してはそういう教育をしないとしょうがないからしてたとするならば、それを根底にして文句を言ってるあたしは時代遅れなんじゃないのかとか、そういう反省もいくらかあるんですけどね。

伊集院　そんなことはないでしょう。師匠がですね、こらダメだと感じたものは大体ダメなんですよ。

立川　あ、嬉しいね。だから、ジョークに「世の中にカネで買えないもんがあるのを知ってるか、おまえ」「知らない、教えてくれよ。いくら出しゃいい」っていうのがあるんだけどね（笑）。それとおんなじような勘違いすんのもいるね、恥も外聞もねえのかなと。

ただ、仕事の話ですけどね。あたしも含めて芸人がね、とにかくしゃべって、三十分でも独演会の二時間でもやってそこで貰ってくるカネがありますね。もちろん向こうに言わせりゃ頭脳を使ってる仕事と言うかもしれませんよ。でも、仕事ってのは、そうじゃないと。もっと言ったら、しゃべったり書いたりなんかしてんのも仕事じゃないと。よく女優なんかが「今、お仕事が忙しくて」なんて言ってますが、お仕事じゃねえんだ、あんなもの（笑）。仕事ってのは、やっぱりツルッパシ持って大地と戦ってるやつとかね、大海原ん中でもって網を放り込んでるやつとか、ああいうのを仕事と言ってね、どうも今、仕事と言ってるのは仕事じゃないような気がするんだけど。

伊集院　仕事じゃないですね。

立川　ましてこっちは好きなことやってるわけですからね、どうも正面きって仕事っていうのはね。だから、仕事の概念をもういっぺん変えて、体でやったカネのほうが高くてですな、頭でやったカネは安いっていうふうにならねえかなと思うんです。ならないだろうけども。

伊集院　そこがカネの野郎の余裕のあるとこなんでしょうね。

立川　あれにしたらどうですかね、大昔みたいに大きな石にね（笑）、ああするとそんなに集めようとは思わないんじゃないかという気がするんだけどね。これ持ってこないとダメだと。で、金持ちは石担ぐんだ。そうすると、少なくとも数字じゃない。カネは重さであると。

伊集院　まあ、カネでは何も買えないから。カネで売ってるものは大したものじゃないし。

天誅《てんちゅう》組も悪くねえ⁉

立川　ただね、たとえば今、あたしが世間様に「ちゃんと生きなきゃダメだよ」なんて言うのは、これ、末世だね（笑）。落語家はそういう稼業じゃないよ。

伊集院　それは小説家も同じですよ。小説家が人生訓たれると世の中終わりだから。

立川　より多くとかより速くとか、時代の最前線にあるのが「文明」だとすると、残されたものに潤いを与えてるのが「文化」だと思うんです。

けっこう若いやつらでも文明に踊らされて、新しい電化製品がくるととんでったり、己《おのれ》を考えらんないからとにかくはしゃいでワーッとコンサートなんかに行ってっていう連中も、どっかで文化が欲しいんです。勝手にワーワー騒いで生きてて、死ぬのが怖くなってどうやって老後を、なんて暮らしてるやつに、こうやって生きるんだよって、人生訓をたれてるやつらが今は観客にウケてんだから。どうもそういうニセ文化屋みたいなのが繁盛してますな。

伊集院　国がおかしくなってくるときは、いわゆる規定できない不安が増大していくんです。いちばんの根っこは階級差ということなんだけれども、たとえばあそこにでかいビルがあって、なんであいつらだけいい思いしてんだよという話になるんですね。どうして俺たちはいつまでたってもこんなことしてるんだと。やっぱりあいつらつぶそうよってね。

立川　なるかね、そういうふうに。

伊集院　大体なりますね。それでなきゃ、よその国がきてちゃんとつぶしてくれるんじゃないですかね(笑)。ちょっと頭を働かして考えると、ああいうファンドとかやってる連中のカネの出所はどこだっていうと、あとで大きい国から、「はいはい、よくやりました」って集金にくるっていう寸法になってたりするんです。おめえも少しはいい思いをしただろうっていう形で終わって、あとに六本木ヒルズみたいな塔だけが残る。だけどもそれはそれで壊しにいこうぜという話になってね。カネを与えられない人間の発想から言うと、天誅組も悪くねえじゃねえか、やっちまえというね。これは、平等を愛する心なんだと(笑)。

立川　フランスで暴れたのもそれかしら。

伊集院　そうでしょうね。

立川　やってくれりゃ嬉しいな。

伊集院　それ以外は、あとは宗教に頼るしかないわけだから。この間どっかで捕まったイスラム原理主義の女は、上着にいっぱいの爆弾をくりつけてやり方を教えてもらったんだけど、結局その女だけが失敗した。女の亭主は見事に周りを巻き添えにして自爆できた。女にインタビューすると、「着火しなかった」ってそれしか言わないんですよ(笑)。私はこの女は立派だと思いましたよ。この女には義がある。正か悪かわかんないけど、人にとって必要な義というものがある。「今の原理主義をどう思うんだ」「いや、着火しなかった」って。これはどうも間違っちゃいねえんじゃないかっていうね。そこにはマルクスもカントも何もないだろうと。どうもそういう人間というのは、自然にプツプツッとバクテリアが育つみたいに出てくる、それが人間の社会なんじゃないかなと。

立川　ほう、社会を信用してんだ。

伊集院　いや、社会にそういうものが出てくるという意味でね。
さっきの仕事の話でいうと、ツルハシ持ったり板子一枚下は地獄だって網張ってる人間に対して、「あんた大変だったろう。はい、どうぞ」って言って手渡してやるのが、カネだろうし、権利というものだろうということですよ。
そう考えると、どうも今の連中は誰も「どうぞ」なんて言ってないんです。すると、これはやっぱり悪業だろうと。業は業ですから、不満なやつがあいつらを倒しゃいいんだと。そこには有無を言わせない道理があるよっていう話で、これはあと数年のうちに出てくる。

立川　ありがてえな。見てみたいね。
前はね、これは俺が斬るというんで、天誅であるって誰かがやったわけでしょう、ズバッて。そういう怖さみたいなのも世間にはあったんだけどね。

伊集院　そこの肝《きも》みたいなものをみんな取っちゃったから。でも、肝はね、どんな生き物にもあるんだから、肝がなきゃ酒飲めないんだから。

立川　今は、みんな肝臓悪くなっちゃってんのか（笑）。

伊集院　どうもこういう話ばっかりしてると、だんだんおかしな方向に行ってしまう（笑）。ただ師匠、例の杉村太蔵《たいぞう》君、あれは非常に象徴的だったと？

立川　いいですね。

伊集院　料亭へ行きたいだとか、素直に全部口に出しとると。政治家なんちゅうのはじつは大して頭の要らない仕事なんじゃないかということなんですかね。

立川　頭は要らないですね。

あたしはね、最初いいのが出てきたなと思ったんですよ。「グリーン車に乗れるー！」っつうのを見たときに、いいなあこの野郎と思った。それが武部《たけべ》かなんかに言われてシュンとした。また今戻ってきたからよかったですけどね。やられたときに、自民党辞めて俺の弟子になっちゃえってテレビで言ったんですよね（笑）。でももうダメだネ。あのどうにもならないセンスの自民党の宣伝用になったのだから。

伊集院　大体若い人間っていうのは、何やろうかっていったってわかんないじゃないですか。今は、半年働いて半年外国へ行って、っていう連中もいる。外国へ行って何を見てくるのかは知らないけども、それを繰り返していても今は何とか生きていける。バイトとかパートとか、ただ立っといてくれりゃこれだけあげるという職業があるから。昔はそういうものはなかった。店番だけでカネなんかできるわけないじゃないかってね。店番といったって、おまえは商いを覚えるためにしてるんだからという道理があったけれども、どうもそういうものがだんだんなくなってきてますね。

立川　いい例がね、私の弟子なんかにも、「おたくのあのバカなコどうしてるんですか」

「バカじゃありませんよ。立川談志の弟子になってますよ」って、そうとしか思えないのがいるわけですよ（笑）。落語を覚えるためにきてるんじゃない、たんなるあたしん家《ち》の門番みたいなもんなんですよ、ただ名前をもらってね。それで今カネ取ってますけどね、わずかだけど。

伊集院　それはまた違いますでしょう。そこらへんの山に咲く雪見草と富士山の麓に咲く雪見草は、おんなじ雪見草でも違う土の養分を取るわけです。こういう褒め方もないけどね。

立川　そうかなあ。落語やってねえんだもんな。だけど、理屈覚えただけでも得なのかな、うちの弟子の場合は。

あたしはね、仕事のないやつはみんな落語家になんなさいと言ってるんですよ。べつにうまいのまずいの言わなきゃ、百円でパンのクズなら山のようにくれますからね、それを食ってりゃいいんで。現にそれに近いようなのをやってるやつがいまして。どうやって食ってんのっつったら、昨日はマヨネーズ持って畑へ忍び込んでキャベツを食べたって言うんです（笑）。マヨネーズ持ってキャベツ畑へ入るやつはなかなか偉いやつですよ。だから、それ的な発想でもあれば落語が下手でもなかなか面白いやつだから、人生をよく送ってるなっていう賛美をしてやってもいいなと思うんですけどね。

伊集院　昔から、ガキ同士で遊んでても、あ、あいつ何か筋がいいねというのはありますよね、遊び方に。
立川　あるね。
伊集院　同じものを盗むというか拝借するときでも、時々ひょいとどこかから銅線がありますよって見つけてくる子どもがいたじゃないですか。そういう筋のよさみたいなのは確かにあった。
立川　筋がねえのが多いんだよな。
伊集院　こうやって話してると、あいつら、歳取って愚痴ばっかり言ってんじゃねえかって話になるんだけど(笑)、ただ、筋っていうのはどうも人の一生を決めるんじゃないかとも思うんです。
ただ、それで言いますと、たとえば勘九郎はある程度のころから筋がよかったと。よその世界から見ててもあれはちょっとハネてんじゃないかというのがあったでしょう。それで勘三郎を継いだ。そういう、よその世界の人間が見てもあれはいいという筋を持ったのが、どうも最近あまり見えない。
立川　それはいないよね。だから、我々で言えば伝統に対する憧憬《どうけい》があるもんだから、何の関係もないのがやれ円馬だ円遊だって、そういう名前を継いでますよね。今度なる小さんもそうでしょうね、倅《せがれ》だからっていうんで。聴いたらひどいもんなんだ。もうメチャクチャ。文楽もそうだしね。昔だったら周りが「冗談じゃないよ」ってのがあった。弟子が継いだからって自分が廃業しちゃったり、そんなことすらあったくらい名前というものが大事だった時代もあったたし、名前が一つのステータスとして存在したんだけど、落語家にステータスなんてもうないかもね。

あたしが死んだ場合でも、だれが談志を継ぐんだろうというのはせいぜい一年か一年半ぐらいの話題にはなるだろうけども、あとはもうそれでおしまいじゃないですか。

落語家的に死にたい

伊集院　さっきの客観視じゃないけども、師匠は途中で政治やられたりとかいろんなことをなさってても、軸はここだという、何か筋があったんでしょうね。

立川　それはありましたね。野末陳平《のずえちんぺい》が「なんでやめるんだ」って聞くので「だってオレには芸があるもんな、落語っていう」って答えると「あ、そうか」なんてあいつ言ってましたけどね。

よく聞かれるんですが、なんで政治なんかやる気になったのってね。それはね、タレント議員ブームがきてるのに、それにとびつかないようなやつが落語やったって面白くないだろうって思ってね(笑)。政治は政治、落語は落語で芸ですから、そんなやつが舞台でしゃべったって面白くも何ともねえだろうと。

それで、まこと余談も余談だけど、あすこへ行ったおかげでね、芸のうまいまずいなんていうもんじゃなく、やっぱり行き着くのはパーソナリティなんだなというのを覚えましたね。そのころパーソナリティってのは落語家になかったんですね。落語家は作品をやるんであって、「あたしは昨日」なんて、そういう個人の話をすることはタブーみたいなのがあったんですよ。だからほとんどやらなかったわけですね。出てくるといきなり伝統の枕に入ったりなんかして。だから金馬師匠ぐらいのもんでしょう、「あたしが出ると場内がパッと明るくなったような気がします」なんて言ってたのは。ハゲてますからね(笑)。そんなようなことを言う人はいなかったんですな。

だから、あたしも落語はうまくやるか面白くやるかだけが勝負だった。ところが、例の沖縄の大ゲンカなんかしちゃったりしてると違うんだね。そんときに寄席へ出たんですよ。そしたら、入口んとこで客寄せしてるのが「さあ、いらっしゃい、いらっしゃい。これから出ますよ、沖縄でしくじったやつが」ってね(笑)。

もうとにかく出たら客席はすげえんだ。出てくるだけでドカーンなんだ。「この野郎、自民党、ただでおかねえ!」「こん次、共産党に行って自民党のやつは落っことしてやるから。イデオロギーよりオレは恨みを優先する人間だから」ウエーイ、ウエーッて、ものすげえんです(笑)。ははあ、芸なんてものはこれに比べるとたかが知れてるもんだなって。それは間違いかもしれませんが、そういうプラスはありましたね。ああ、いくら伝統の芸をやっても、パーソナリティに勝るものはないなと。そのパーソナリティというのは、ことによると筋ってことにつながってくるかもしれませんね。

伊集院　ああ、なるほどねえ。

立川　話を戻しますとね、仕事って何なのか。こういうジョークがあって、「君はうちの会社で働きたいのかい」「いや、働きたいということよりも仕事が欲しいんですよ」って。ちょっと微妙なジョークなんですけど、とりあえず仕事場だけ欲しいということですね。そういう時代もあった。そのころはそれがジョークになったわけですね。会社で地位なんか欲しくないと。思うんですが、仮にみんなそうなっちゃっても何とか世の中、経済はもつんじゃないですかね。

伊集院　今の体制だと。世の中っていうものは結局まわっていくと。

立川　うん。今、変なことを思い出したんですがね、小松左京さんのSFでこんな話があったんですよ。日本人がみんなだらしがなくなっちゃって、誰も真面目にやらないと。だから、外国から親書がきても「ようよう」なんてでたらめに書いちゃうから、向こうは怒って攻めてきたりなんかする。攻めてくると「いらっしゃい」なんてなことを言って、ダダダダッてやられると「シェー!」なんて言って死んで、拍手がきたりなんかしてね。で、攻めてきたほうの司令長官みたいなのが国会で演説する。「日本人よ、真面目にやれーッ!」ってね。そうすると「いいね、真面目にやるなんざあ、今どきいいですな。サインしてください」(笑)。結局、あきれけえってみんな引き上げちゃったと。ただね、たしか、その間に経済だけはちゃんとしていた、という一文があったはずなんです。

伊集院　うーん。

立川　これ面白くてね、経済だけはその間ちゃんとしてた(笑)。そうすると、経済ってのはそんな程度のもんで何とかなるんじゃねえのかなって気がしてね。

これは石原(慎太郎)にも言ったジョークなんですが、地方からきたのが都庁を見てこう言う。「すごい建物ですねえ。こん中でどのくらいの人が働いてんですか」すると、「多くとも半分以下だろう」と返ってくる(笑)。知事は、「そのとおりだ」っつってましたけどね。半分以下もいねえっつってたかな。何とかもってるんだ。

仕事をあんまり欲しがらない連中は、何とかやって半分以下の働く側に入ろうと思わない。そこに入ったら大変だ面倒だって思って敬遠しちゃうのか、それとも半分は遊んでられるはずなんだけど、どうも遊んでられる様子でもねえからっていうんで入ったら辞めちゃうのも出てきてると。一流企業でも、もうそうなってるんじゃないかと。革命とおんなじようなもんで、五、六人いりゃいいんで、あとの半分以上のやつらは、その程度なんじゃないんですか、会社ってのは。

伊集院　まあ、フンコロガシの糞みたいなもんでね、自分の体の大きさのときはコントロールできていろいろやるんだな。そのうちだんだん大きくなってくると、他のフンコロガシが手伝ってくれるんだね。

立川　ほう。

伊集院　ところがね、ある許容を過ぎるとダーッと下っていくんだね。あわてて追いかけていくんだけども、あんまり大きくなりすぎると自分で処置のしようがないらしいんだ。

おそらく、そういうような感じに日本は今なっとるんだろうと。ファンドの連中もやってることはおんなじもんで、儲けるのはどんどん儲けたほうがいいに決まってますけど、最後は糞のところでとどまっていられりゃいいと思うだけで。

立川　転がっちゃうか。

伊集院　でかいフンコロガシ狙ってる他の生き物がきて、パッと食べられちゃうオチじゃないかっていうね。そのときに、私はなるたけ離れておきたいなと。同じフンコロガシとしては（笑）。違うところから、「あ、あいつは食われたか」っていうね。

ただ、いちばん最初の話に戻しますと、どうもあんまりよくないなって師匠がおっしゃったのは、その糞の大きさみたいなのが根っこにあるんじゃないかと。

立川　ははあ、そこへくるか。

伊集院　なんでひっくり返るのか私はわからないけれどもね、今ある状況が、地震なのか何だかわからないけども、ころっとひっくり返ることをどうも予期なさっているんじゃないかと。

武田泰淳《たいじゅん》が上海《シャンハイ》のフランス租界かどこかにいたときに、中国の千年を越えた歴史、文明、文化が一夜でつぶれた。日本軍がドーンときたらいっぺんでつぶれちゃった、と。文化とか文明っていうのはひと晩で壊れるんだ。なんだ、そういうことだったのかっていうことを書いてるんです。私はそれに非常に驚いたんですがね。大体においがするんじゃないですかね、これは変だなという。それをにおえる人たちだけが、ちょっとあんばい悪いんじゃないかっていうね。ただ、こういうところに結論を持ってくると、「暗い対談だったなあ」って話になるんですが（笑）。

立川　ウソかホントか知らないけど、ウナギ飼っとくと一割のストロングなウナギができるんだってね。あとは弱いんだって。で、その一割引き上げちゃうと、またそん中から一割出てくるんだっていうんだね。そうすると、なんだ一割いりゃいいのかってことになってきて、その一割がファンドのフンコロガシがでかくなっちゃうようなやつでなくてね、ちゃんとした一割にしなきゃなんねえなと。

伊集院　任せときゃいいんだと。

立川　ちゃんとした一割がどこにいるのかっていうのが問題なんだろうけども。まあ、世界中で誰か強いのがいりゃ、日本もなんとかそこでくっついて九割のウナギで食っていけるのかってね（笑）。

伊集院　ともあれ、やはり今師匠に飽きられちゃ、私を含めた支持派が困るという話でして。

立川　いやいや、今日は励ましてもらったから。やっぱり、行かなきゃしょうがないね。弾に当たってやられるか、弾に当たらないで糖尿か肝臓かなんかでやられるか。いや、実際に流れ弾でも当たってくれたらいいと思うな、落語家って死に方で。ドブに落っこって死んじゃったとかね、ペストとか「ふとした病《やま》い」とか。やっぱりあたしは落語家的に死にたいですね。

（「小説現代」二〇〇六年一月号）

石原慎太郎

一九三二（昭和七）年、兵庫県生まれ。五六（昭和三一）年、『太陽の季節』で芥川賞受賞。六八（昭和四三）年に参議院議員となり、運輸大臣、東京都知事、日本維新の会代表などを歴任。著書に『生還』『弟』ほか多数。

対談　歳月を経て猶も定めず

司会・福田和也（文芸評論家）

石原　大丈夫かお前、影薄いよ？

談志　ウン、その言い方は当たってる。こないだ電話で話してから、いくらかよくなったんだけどね。

石原　人相もよくないよ。嫌な相になってきたなあ。

談志　今日は会う相手が悪いんだよ。だけど顔へ出るもんだね、よくないんだ、最近。

石原　精神病か、鬱病だろう。

談志　ウー、最大公約数的な言い方すると、そういうことだ。

石原　似合わねえ、そんなもん。しっかりしろよ。今までずーっと躁だったのが、急に鬱になっちゃったのか。

談志　似合うとか似合わないって問題じゃないよ。ここまで生きてたんだからいいや、って思うところもある。

石原　情けないよ、吐いてる言葉が。よしなよ。

談志　よしなよったって、しょうがないよ。自殺しないのが精一杯なんだ。ヒョッと飛び下りちゃうかもしれない。こうして喋ってるときは躁状態だから、まだいいけれども、一人になるとどうしようもない、面白くも何ともない。一日いられないんだよ。いろいろ考えてるうちに、ああでもない、こうでもないって分解しちゃって。分解したってしょうがないのは分かってるんだけども。

石原　今頃鬱になるなんて、お前、遅いよ。そんなもん、あれだ、ラジオ体操やってマラソンすりゃ治るよ。

談志　この人は単純だねえ。陽気に育ってきた人間には、鬱になる奴の了見が分かんねえのかね。俺は落語家だから、複雑なんだよ。複雑だから、落語家なんだ。いや、セコいからかな。

石原　変に自虐的になっちゃって。酒、飲まないの？

談志　ビールにする。酒は飲まない。糖尿になると喉が渇いて、ビールがうまくなるんだね。いつもビールと睡眠薬飲んで寝るんだ。睡眠薬はあまりよくないらしいけど、しょうがねえよ、ガキの頃から飲んでるんだから。慎太郎さんはテレビで見るより、若えなあ。目、パチパチしてるところ、写真だと分かんないだろうね。

石原　バカヤロー、この頃あんまりしなくなったんだよ、もう年だから。お前と会うと興奮して目が乾くんだ。鬱病で飛び下りる前に、高座で「死神」やってくれよ。
談志　俺の「死神」、よくなったよ。鬱だけど、私の落語はいいんです。「木乃伊《みいら》取り」もサゲを変えた。あるとき、清蔵の感情注入をいつになく懇切丁寧にやった。「若旦那、けえってくだせえ。お袋さん、戸口がガタッとしただけで、帰ってきたのかいって。見ててたまりませんでな」。こう言っておくと、サゲで「お袋さんの巾着返せ、俺がその金使うから」と清蔵が居直るのが、リアリティを帯びてくるんです。「芝浜」も、女房に感情注入すると、女房から「酒飲もう」って言い出すようになるんだ。俺の落語はそうなってきちゃった。
もう一つは、俺がイリュージョンと呼んでるやつ、異次元の感情注入をするということだね。秋田の豪憲君の殺害事件、あれと同じなんだ、俺のやっていることは。
石原　はあ……。斎藤環《たまき》呼んできた方がいいんじゃねえか。斎藤環って、面白い精神科医がいるんだよ。アンタ、会ったらいいよ、きっと仲良くなるよ。
談志　仲良くなれるってことを、喜んでいいのかネ。
だけど、俺は今日、それを言いにきたんだ。最近のグロテスクな犯罪者がやってることと、俺がやってることは同じなんだ、と。貧しさゆえの盗みとか、恨み重なる殺人ではなくて、親が子を殺したり、子が親を殺したり、常識では考えられないような犯罪が増えてるだろ？

石原　人間が弱くなってるんだよ、芯がなくなっちまって。

談志　人間にはもともとそういう部分があるんだ。わけ分かんないことを言ったりやったりする部分が。

石原　これまで抑制してきたものが、人間が弱くなったから抑制できなくなったんだ。だけど、師匠は弱い人間じゃないよ。

談志　俺じゃない世間の話をしようとしてるんだ。

石原　師匠と同じような心理構造、精神構造になってきたって言いてえのか？

談志　そうじゃねえ。俺が言いたいのは、俺の落語の中にあるものと、同じことを世間の人がやっている。異次元の了見で語るってのは、芸人とか作家とか、いわゆる芸術家と括《くく》られる連中には許される。スポーツマンにも、許されるかもしれない。それを、許されてない連中がやりはじめたってことだよ。飢えや戦争があれば、嫌いな奴とだって協力しないと生きられないから、異次元の感情を抑制できたんだ。それが、なくなったからね。

石原　俺は、師匠の言うこと、時々分かんねえんだ、感覚的にも。異次元って何だい。福田さん、ちょっと通訳してよ。

談志　人間には異次元の感情があるんだ。それを常識、非常識と割り振って誤魔化して生きている。そこで出てくる矛盾を、昔は落語を聴いたりして発散してたんだね。だけど今の連中は落語を聴く知能もないから、コメンテーターなんていう連中の言うこと聞いて発散してるんだ。テレビが寄席にとって替わったことで、発散する対象が有象無象に変わっちゃったんだ。グロテスクな犯罪だって、皆が望んでいることなんですよ。

福田　現実がエンターテイメントになってしまった。

石原　一種の内向化だね。秘かに望んでいたことを誰かがやってくれるから、みんなワイドショーを見ているわけか。異次元っていうより、人間の生きてるところの位相が変わっちまったということかね。でも、芸術家以外のろくでもない連中が持て囃されてるのが、そんなに悔しいのか？

談志　悔しくないよ。俺はもう、愛も正義もあまり認めてない、現実しか認めてないから、今の状況も正解なんだと思うよ。ただ、一般観客をそっちで押さえられちゃうことが、怖い。だからって、どうしろって言いたいわけじゃない。俺はそんなことは知らないよ。

石原　俺はいまだに、こいつの勝手なレトリックがわけ分かんない。

談志　分かんないってことは、手前の頭が悪いって言わなきゃダメだよ。常識の境界線が俺より強いってことは、芸術家として俺より下なんじゃねえか。

石原　まあアンタ、当分死なないよ。しかし、談志がこれだけ気分を病むってのは面白いね。一生通じて勝手なこと言ってきて、バチが当たったたんだな。
談志　バチなんて、あるのかね。バチがあると考えている人間ってのは、常識的なんだ。常識と非常識までは認めることはできるけど、それ以外が出てくると分かんなくなっちゃう。殺すと可哀想ですよ、なんて言ったって、通じるわけがないんだよ。自我が形成される前、いや違うな、常識の中で形成された自我ではない別の自我が出てきたってことだ。
石原　つまり、人間の業というとこかね。でも、こいつの話、速記に起こしたら、支離滅裂でわけ分かんないよ。こんなこと、誰も高座でやらないよね。
談志　俺の高座に来る客はマニアックなんだ。だけど、その数がすげえ多いんだよな。いつも満席なんだ。
石原　古典落語は理路整然としてるからな、お前、人の書いた古典をやった方がいいよ。昔、三木のり平さんと、談志の高座聴きに行ったんだ。「芝浜」で、発声とか声音なんかがすごくいい。けど、味が今イチでね。俺が「アーティキュレーション〔発声の明瞭度、歯切れ〕だけがいい」と言ったら、談志は「今日のは出来がよくねえ」なんて言い訳したんだ。ところが、のり平さんがぼそっと「なんで押しばかりなのかな」って言ったら、こいつ、ガクンとなっちゃった。そのときのこと、よく覚えてる。芸人同士の火花散らすような会話って、いいなって思ってさ。今みたいなのが、四次元の話だよ。お前さんのは、六次元くらいの話。

談志　だから、異次元って言ってるじゃねえか。のり平さんの話でふと思い出したけど、のり平さんに伜《せがれ》いるだろう。俺の伜、今日もここに来てるけど、こいつとのり平の伜、この二人はガキの傑作だと思ってるんです。俺の伜が与太郎で、あっちは若旦那。どっちも落語によく出てくるやね。与太郎というと、落語の世界では、何もできないバカということになっているが、私の解釈だと、バカなんじゃなくて非生産的であると。ウチは親が稼いでるんだから、伜が仕事なんか行くことないんだ。

石原　そんなこと言ってるからニートが増えるんだよ、そんなものは殺潰しだ。おい伜、ダメだよ、働かないと。

談志　なんでそんなこと言うの。今は俺のマネージャーやっているけど。俺は、こいつが何もしないことを、こよなくよしとしているよ。のり平の伜も、非生産的なんだけど、物事はちゃんと分かってる。「お前は何になりたいんだ」と訊いたら、「カキになりたい」って。殻の中に入ってふわふわしてるのがいいって。ウチの伜も二十歳になって初めて生卵割ったんだ。ほんとに何もしないんだ。「働かざる者食うべからずってレーニンも言ってるぞ」と言ったら、「俺はあんまり食わねえ」と。バカという称号を受けても構わないけれども、自分は生産活動には参加しない。俺はこいつの生き方を見て、落語の与太郎像を変えた。だけどのり平は、喜劇で非生産的な役柄を演じるのはいいけれども、実生活であれじゃあ困ると言うんだな。長嶋茂雄も言ってたな、一茂《かずしげ》が選手としては二流で困ってるって。

石原　そんなことないよ。あれは野村克也が意地悪して飼い殺しにしたのがいけないんだ。関根潤三《じゅんぞう》が監督の頃の大洋ホエールズが声をかけたのに、行かなかった。行けば大選手になったのに。可哀想だよ。一茂に比べれば親父の方がよっぽど与太郎だ。

談志　与太郎は与太郎だけど、別の意味の与太郎だね。おい都知事、その辺ちゃんと分かってるのかね？　知事ってのは、分からねえから、もってるのかな。

石原　与太郎って、庶民の願望がクリスタライズされた人間像なんだろう？

談志　うん、それは合ってる。

福田　前に「孝行糖」をやられたとき、与太郎は三人称の目線で自分を見てるんだって仰ってましたよね。自分がバカにされていることを、客観的に見ているんだと。

談志　だから、バカじゃないんだよ。与太郎は仕事をしないし、ぼーっとしてるけれども、グロテスクな殺人をするわけじゃない。自分がバカにされてることは分かった上で、常識的な人間の言うことには耳を貸さないわけだね。俺が今やろうとしているのは、そうじゃない、グロテスクな方なんだ。

石原　師匠、今さら師匠もねえか、オイ談志。君は芸能界のお山の大将から与太郎まで、それぞれ人間の願望が作った人間像を全部演じているわけだな。それでちょっとくたびれてきたんだよ。与太郎も、ヒットラーも、一人でやってるんだから。

福田　幅が大き過ぎるんですね。

石原　いいじゃない。与太郎のヒットラーだよ、この人は。非常に抽象的で象徴的な人格をいくつも作って、その重みに耐えかねてノイローゼになっちゃった人だ。もう死ぬかと思ったけど、こいつは死なないね。

談志　死なねえってのは、自殺しないってこと？

石原　自殺もしないし、死なない。あなたにはやっぱり、自負があるもの。俺は談志だぞってえ、自負がある。

談志　それはあるよ。だけど病気には敵《かな》わねえだろ。

石原　病気なのかね、そりゃ。一種の償《つぐな》いだよ。美空ひばりとか市川雷蔵とか、錦之介とか、裕次郎もそうだけど、芸能界の輝かしい存在は、みんな代償を払う。お前なんか一番ぬけぬけと生きてきたんだから、ここへきて、人の羨望とか怨嗟《えんさ》がこういう形で表れてるんだよ。

談志　よく分かんねえな。
石原　頭が悪い人だ。
談志　頭が悪いって言ってしまえば、楽だよな。だけど、どの辺が分かってないんだってことを説明できないってことは、そっちも頭が悪いんじゃないの。
石原　そんなことはない。つまり、世間の人間のやっかみとかいう想念がかぶさってくるのさ。君はひとりよがりが過ぎるからね。そこがいいところなんだけど。
談志　ひとりよがりもいいとこだよ、俺は。だけど自分がひとりよがりだってことは、わりと客観的に見てるよ。見てないのかね。
石原　お前の主観だよ。本当は、二人で話すともっとすごい話になるんだけどな。俺たちって本当にヘンな相性なんだよな。
談志　腐れ縁だね。そっちこそ、この世にバチがあるなら、どうして死なないの。ほんと、元気だよねえ。
石原　そんなことねえ、これでも人生に疲れてんだ。
談志　さっきからよく食うし、よく飲んでるよ。元気な奴は大抵バカなんだ。バカじゃ知事にはなれないだろうから、客観的にはバカじゃないんだろう。バカじゃないくせに、なんでこんなにガブガブ飲むんだろうね。

石原　お前も、一杯飲みなよ。昔、俺のことアニさんって呼んでたじゃないか。俺の杯、受けろ、改めての兄弟仁義だ。

談志　こりゃ驚いた。「らくだ」になるとはネ。

石原　お前が参院選に立候補したとき、もう三十五年前か。俺の組織からは、最初は赤井電機のスポンサーで三浦雄一郎が出るはずだったんだ。だけど、ノイローゼになっちゃった。その後、細川護熙《もりひろ》が出させてくれって言ってきたんだけど、仲間のある連中が、あんなバカ殿は嫌だって。それで談志が名乗りを上げたら、そっちの方が面白いってことになった。あの仲間は、心意気があるというか、やっぱり粋で面白かったねえ。

談志　人形町とかあの辺の連中はいいね。

石原　人形町だけじゃないし、地方でもそうだったよ。「石原さん、立川談志、生意気だけど、好きですよ」って連中が沢山いた。それで、どっかの寿司屋で開票を待ってる間、円楽、円鏡、噺家が何人いたかな、みんな集まってきて、身の細る思いで見守ってるんだ。すると五十番目で当選した。「真打は最後に登場する」って言ってね、あのときは噺家の仲間っていいなって思ったよ。

談志　俺も思い出した。初めての国会で、参議院に行ったんだ。開会式ってのは参議院でやるだろ、玉座は参議院にしかないからね。そこへ天皇陛下が来て、うやうやしくはじまるんだね。俺、「粋なもんだね」って言ったんだ、落語家の口調でね。そしたらアニさん、「粋じゃないよ、政治ってのはこういうところから見直さなきゃいけない」って。それはいいとして、元陸軍上等兵が正月の一般参賀のときに天皇をパチンコで撃った事件があっただろう。あれに対しては、「よくねえ」って言っただろ。言ってることが違うじゃねえか。

石原　何を言ってるんだ、あれは政治辞令だ。

談志　それは気がつかなかった。俺が当選したあと、アニさんは参議院から衆議院に行くことになったでしょ。あるとき、俺が議長室にふらっと寄ったら、アニさんが「私は衆議院に行きますけど、あとに松岡（談志の本名）が残りますから、よろしくお願いします」って。俺はそれ聞いてしみじみ、普段悪口ばっかり言って悪かったなあと……。

石原　それは読みが浅いんだよ。

談志　あの頃、寄席の入れ込みの奴が、「さあ、いらっしゃい、政務次官しくじった奴がこれから出ます」って言うんだよ。それまでは、うまい、面白い、が勝負だったけど、キャラクターとしてウケちゃうんだ。天井が抜けるほど。

福田　二日酔いで政務次官の初仕事に行かれて、三日で辞任されたときですね。

談志　アニさんはあのとき、「謝っちゃえよ」って言ってたな。「お前はすでに歴史を持っている人間だけど、謝れば新しい歴史ができる」って。だけど俺は、「嫌だ」って。本当に嫌なんじゃなくて、あのとき、オッケーしたって、別にどうってことなかったんだけどね。

石原 意地っ張りなんだ、でも当節意地っ張りこそ大事だよ。

談志 大事だと思うな。「なんで政治家になったんですか」って聞かれたとき、これは意地っ張りというより自己弁護だけれども、「タレント議員ブームが到来した。これに乗らないような芸人はダメだ。それに乗ってくようなおっちょこちょいだから、俺はすごい芸人なんだ」と言ったわけ。現にその証拠もある。

石原 しかし、話を聞いていると、政治をやってから、やっぱり世界の摑み方が大きくなったよ。

談志 何か優越感から喋ってるね、ハラ立つね。

石原 そうじゃない、本当に摑み方が大きくなった。そんな噺家はいない。断然、得難い経験をしたんだよ。佐藤栄作でも大平正芳《おおひらまさよし》でも、田中角栄でも、刺身のつまにできるだろう。別につまにしなくたっていいが、そういう経験が絶対に役に立ってると思うよ。

談志 自分はどうなの、役に立ってるの?

石原 そりゃそうだよ。都政なんかやってるとさ。文学の方で刺激されるね。

談志 作家の役に立ってるんじゃなくて、政治の役に立ってるの、向こう側へ行っちゃったんじゃねえか。

石原　そんなことはない。要するに、行政の発想は小説と同じ。マクラとか、話の運びとかね。そういう発想、仕組みの能力は役人にはないから。

談志　それはそうだ、役人には政治家がいない。大平さんに金借りたら、利子を取られたって話、したっけ？　当時、家を買うことになったんだよ。俺は江戸っ子ってのは、寝返り打つと誰かの腹の上に脚が乗っかるくらいの借家に住むもんだと思ってたんだ。伜と建売住宅を見に行ったら、ここに泊まりたいって言うんだよ。親の粋がりで、じゃあ広い家を買ってやろうと。大平さんに、三、四千万借りたら、利子がついてやがる。

石原　いいじゃねえか。

談志　当たり前だよな。だけど俺、酒喰らって大蔵大臣室に行ったの。「冗談言うない、利子のつく金なら、俺はいくらでも借りられる。江戸っ子が面かぶって金借りにきたってのは、そういう意味なんだ。利子のつく金なんて、借りたくもなんともねえ」って。そしたら、やっぱり大平さんのすごいところでね、「アー、悪かったなあ。利子をつけんと、君のプライドにさわるんじゃないかと思った」。俺、参ったよ。

石原　いい話だなあ。大蔵大臣だった頃の大平さんのところに談志を連れて行って、俺が「よろしくお願いします」って頼んだら、「引き受けた」って言ってくれたよな。それなの

に お前、ソファに寝ころがって「何でもいいから金くれ、金ちょうだいよ」って言っただろう。大平さん、ハハハッて笑って、少しは金くれたかね。

談志 他にもあるよ。テレビ番組の『三時のあなた』に大平さんが出てたんだ。ハマコーとか、他にもいろんな与太郎と一緒にね。その中の文化人と称する一人が、時の総理に向かって、「大平さん、あなたはオリジナリティが何もないじゃないか」って言った。田中角栄なら、激怒するところだね。だけど大平さんは、「アー、忠告してくれてうれしいね。オリジナリティがないのではないんだなあ。人の意見を聞く時間が長過ぎた」。

石原 うまいねえ。

談志 うまいんだよ。相手は何にも言えなくなっちゃう。ああいう受けの芸は、紀伊國屋書店の田辺茂一さんもうまかったね。『田辺茂一伝』に全部書いたけど、俺と小島三児《さんじ》がお供してるときに誰かに電話してたんだ。俺、聞いちゃったんだけど、「今、談志君と三ちゃんにたかってもらってるんだ」って。面白いだろ?「たかられてる」んじゃなくて、「たかってもらってる」なんて、なかなか言えないよ。

石原 田辺さんは、面白い人だったねえ。あの人、五時になって部屋で水割り一杯飲んだだけで、「エヘヘヘッ」って笑い出して、ガラッと変わるんだ。高見順がガンになって、エスポワールで歓送することになったんだ。俺が遅れて行ったら、高見さんがいない。田辺さんに聞いたら、「今バカな女給が、高見にどうか生きて帰って下さいねって言ったんだ。そしたら怒っていなくなっちゃった。バカだねアイツ、ガハハハァ」って笑ってた。田辺さんは高見さんの弱さを知ってたんだね。

談志　やっぱり慎太郎さんと会うと飲んじゃう。これを生きがいって言うんだろうけどね。たまに会うか。いや、会うか、じゃなくて、会ってくれよ。

石原　会うよ。俺、高座聴きに行く。それで野次る。

談志　いいよ、ちゃんと全部返すよ。

石原　野次の応酬やったら、この人も時々来ますから、って言ってくれよ。

談志　一口に言うと、知事ってのは何をやってるの？

石原　何もしねえで、座ってるんだ。この頃、座ってもないね。そのうちさ、文楽が高座演《や》ってる最中に登場人物の名前忘れたみたいに、俺も演説の原稿忘れて、「勉強して出直します」って言ってやめちゃうのかねえ。

談志　やめちゃえばいいじゃない。やめるんだろう？

石原　まだ分かんない。東京オリンピックなんて言い出しちゃったから。周りの連中に、「なんでオリンピックなんですか」って聞かれてさ。今の日本は元気ないし、外国からもバカにされてるから、「なめたらあかんぜよって言ってやるってことだ」。そう答えたんだけど、今の若い奴は、どうも分からねえんだな、そういうの。
福田　『鬼龍院花子の生涯』ですね。夏目雅子が、土佐の任侠の妻女を演じて、「なめたらあかんぜよ」という名台詞を残した。
石原　そうそう。勝新の『座頭市』だって、みんな知らないんだよ。「嫌な渡世《とせい》だなあ」って台詞があったろう。俺がシャレで、「嫌な都政だなあ」って言ったら、「都知事、やめるんですか」って聞かれちゃった。
談志　そんなの、みんな知らないよ。三橋美智也も春日八郎も分かんないんだ。下手すりゃ、石原裕次郎だって怪しいよ。兄貴がいるからもってるようなもんでさ。
石原　そうだ、そうだ。
談志　アニさん知らないだろうけど、俺と裕次郎で、アニさんの選挙応援に行ったこともあったね。俺が、「下町の太陽と言われる石原慎太郎です」、そしたら後援会か何かの奴に「そんな余計なこと言うな。立川談志、お前なんかどうでもいいんだ」って言われてね、俺、裕次郎と二人で、「もうやーめたっ」って酒飲んでた。ああいうところ、裕ちゃんはいい奴だったね。手前にとって都合のいい奴ってことかもしれないけど。
石原　あいつはダメだ、如才なくて。
談志　だから死んじゃったんだよ。

石原　うん。こいつの応援、全然応援にならないんだよな。「このパチンコ屋はよく出ますよ。皆さん、パチンコするなら、何とかパチンコ。衆議院は石原、石原、嫌なら上田哲」。そんなこと言うバカいるか、ほんとにもう。お前の演説ほど、役に立たなかったものはないね。

談志　感覚の問題だね。ああ言われれば、分かる奴は絶対に上田哲には入れない！　あの演説が気に入ってアニさんに票を入れた奴もいるよ。十人か、二十人くらいは。

石原　談志なんて、よく呼んだねって言われたよ。石原さんは寛容だねって。

談志　ホラね。やっぱり役に立ってるじゃない。

石原　毒だね、お前さんは。

談志　毒も必要だよ。アニさんこそ、今友達いるの？

石原　いるよ。一なく、二なく、三に談志だ。君だっているだろう。談志じゃなきゃ嫌だっていうのが。

談志　いるよ、それでももってるんだ。客もいっぱい入るしね。志の輔っていう俺の弟子、俺を除いたら一番うまいんじゃないかって奴と、この間、新橋演舞場で二人会やったんだ。俺が先に上がって、開口一番、「キムチョンイル、マンセー！　オマンコー！」って叫んだの。そしたら客、ヘンになっちゃった。俺の独演会だったらウケるけど、客筋が違ったんだね。今、アメリカを崩壊させる話を考えてるの。黒人と白人が殺し合いになれば、白黒つくってもんだ。アメリカ、やっつけちゃわない？

石原　大体、一神教ってのはよくないね。『ダ・ヴィンチ・コード』だって、キリストに子供がいて、何が悪いって思うよ。それが冒瀆《ぼうとく》かねぇ。お前に勧められて観た、『オー！ゴッド』って映画は面白かったけどね。

談志　だろ？　あの神様は普通のオヤジの格好しててさ、メッツを優勝させるんだ。ジョン・デンバーが「神様に会ったって言ったせいで恥かいた。警察の鑑識官が俺の似顔絵を描きやがって。少なくともミケランジェロならもっとうまく描いた」って言う台詞、うまいよね。

石原　こいつの解説もうまいんだ。俺、こいつのせいでいくつか映画観に行ったよ。

談志　迷惑だったみたいな言い方だね。

石原　そんなこともない。面白かった、みんな。

昨日時差ぼけを治しに、スリーハンドレッドクラブにゴルフしに行ったんだよ。そしたら中国大使の王毅が来てたらしくてさ……、お前、手が震えてるな。神経いかれてるんじゃないのか、大丈夫か？

談志　大丈夫じゃないって、言ってるじゃない。で、王毅がどうしたの？　王侯貴族とゴルフしたの？

石原　いや、コースでは会わなかったけど、会ったら、「君の運命を予測する。君は十年後は日本に亡命しているぞ」って言ってやりたかったんだけど。

福田　言いますねえ。

石原　だって、そう思わない？　ロンドンに行ったとき、ビル・エモットと久しぶりに話した。彼も、なんで日本人は中国の経済を過大評価して恐れているんでしょうか、ってしきりに言ってた。オリンピックのあと、バブルが大はじけして中国は絶対ガタガタになるよ。

談志　俺は韓国にも言いたいことあるね。排日、抗日と言ってるけれども、あれは単に国の連帯感を高めるためじゃないか。もともとあそこは、日本の領土になりましたってハンコ押したんだ、つまり女房になると言ったわけでしょう。戦争責任というのであれば、女房も一緒に責任取らなきゃいけないよ。従軍慰安婦に賠償金よこせって言うなら、売春代返せってんだ。向こうがあんまり言うようだったら、日本が韓国に併合されてもいいよ。最近俺、高座では日本のこと、東朝鮮って言ってるんだ。イーチョンタンシー、俺はもう朝鮮人なんだって。併合されて、選挙になれば、一億二千万と三、四千万だったら、こっちが勝つに決まってんだ。いくら何でも、自民党を離党してハンナラ党へ入る奴はいないよ。

石原　大統領も東朝鮮から出るスミダ（笑）

談志　ね、一度併合してもらったらいい。韓国から大統領が来るっていうから、どんな奴かと思ったら、なんだ、朝鮮人じゃねえかって、俺、よく高座で言ってるよ。場内、ギャンギャンウケてるよ。

福田　そこで笑えるのが日本の余裕なんでしょうね。

石原　時々、日本航空の機内で談志の落語を聴くんだけど、あれも、よく聴くとかなり猥《わい》褻《せつ》なこと言ってるよ。半分外人が聴いてるからいいようなもんだけどね。

談志　昔、ＪＡＬ寄席のことで喧嘩したことあったね。事務所から怒鳴り込んできてさ。俺が「権兵衛だぬき」で、「そういや慎太郎の奴、こないだ裕次郎が具合悪くなった途端に、自衛隊の飛行機使わせたそうだけど、あれはよくないんじゃないですか。俺がそう言ったら、あいつ、『自衛隊が警察に協力するのは当たり前じゃないか』って。『西部警察』は本当の警察じゃないって、知らないのかね、あの野郎は」って言ったら、その部分を切られたんだよ。俺、日本航空に怒鳴り込んだよ。

石原　それ、知らないなあ。

談志　俺、直接電話で話した記憶あるよ。「これは泥仕合になるぞ、泥仕合になったら、そっちはスーツで、こっちはジーパンだ。どっちが強いか考えろ」って。

石原　初めて聞いた。別に言い訳するつもりないけど、裕次郎のことは俺じゃなくて、中川一郎が頼んでくれたんだよ。

談志　だけど俺も、普段は「慎太郎の奴、何だい、バカヤロー」って言ってるけど、会うと「あ、アニさん、どうぞどうぞ」なんてなっちゃう。昔からアニさんは品がいいから、つられちゃうんだな。ねえ、夜は眠れるの？

石原　俺、一日九時間半は寝ないとダメなんだ。

談志　俺も最近十時間寝てる。俺の論だと、人生五十年、七十年、百年でもいいけど、まあ大体決まってるよな。ガソリンと同じで、起きてる間は使っちゃう、寝てると使わないから、沢山寝た方が長生きできる。だけど、長生きすると、老けちゃうんだ。

石原　老けてねえよ。幾つになった？

談志　七十だよ。

石原　そうだろ、全然老けてねえや。もっと食えよ、食わないからいけねえんだよ。なんで食わないの。

談志　食いたくねえんだ。どこかで糖尿病って意識があるんだね、セコいんだよ。俺は自分では、内容はともかく形式的には文化人だと思ってる。それが医学という文明に怯えてる、もっと言や、医学を否定してるわけです。文化が文明に持ってかれちゃって、さっきの『座頭市』の話もそれに入るかもしれないけど、そういう文化に対して、文明は責任をとってない。大事にしてないでしょう。より速く、より多く。それに対する反発だね。

石原　おい、もっと飲めよ。

談志　飲まない。

石原　飲まなきゃ殴る。

談志　ウーン、こりゃ参った。ウイスキーのソーダ割りを一つ作ってくれる？　……ワー、チクショウ。

石原　分かるよ、ほんとに。

談志　しっかりしろ、お前は立川談志じゃないか、頑張れ頑張れって、いつも言ってるんだけどね。良い落語、抱きしめてやりてえくらいうまい落語をやるときがあるんだけどね。

石原　バカだね、こいつは。だけど本当にかわいいね、いまだに。才能はあるけど、自分でコントロールできないんだ。アア、しっかりしろ、ほんとにもう……。

談志　バカなんだよ。状況判断ができないから、方法を間違える。これはバカの定義なんだ。

石原　すぐそうやって、解説で返そうとする。伊藤整が、人間心理についてメスネジって言葉を使ってたね。どんどん内向していくんだ。ネジみたいに、中にこもっていって、外に出ていかない。やっぱり外ネジにならなきゃダメなんだよ。どうしたらいいんだろう。知的な人間だと、案外簡単な啓示で、その転換が起こったりするんだよな。

談志　そうかもしれない。台風の日に納豆にビールかけて食ったら治っちゃった、そういう話聞いたけど。

石原　そりゃいい。今のはいいね。

談志　でも、どうもピカソも……。

石原　何がピカソだ、そんなもん関係ねえよ。談志が今の状態から脱却しようと思ったら、思いきって飛べ。飛べって言うと、みんな二、三歩前へ飛ぶことを考えるけど、そうじゃない。ボンッと横へ飛ぶんだ。具体的にどうやるかは自分で考えるしかない。だけど、あなたは横に大きく飛べるよ。こんなに自意識の強い人っていないからね。今の内的な障害を超えたら、絶対に名人になる。

福田　いや、もう名人なんですけど。

石原　もっと、したたかな、本物の名人になるってことだ。

談志　そんなこと言って……。あとから、石原慎太郎は陽性で健康だからああいう意見なのであって、俺みたいな不健康な人間の了見なんぞ分かりゃしねえだろうと、こういう意見が出てくるんだよ。それがよくない。
石原　俺だって不健康だ。インテリでナイーブで、弱い人間なんだよ。お前こそ不健康ぶってるけど、今まで立川談志くらい健康な奴いなかっただろ。意気軒昂、すべてのものに楯突いて。さてはあれか、女に振られたんだろ。
談志　そんなこたあねえ。手前の経験で言ってるね。
石原　俺は振られたことないよ。
談志　だって、前に電話で「役人がだらしねえ」って話をしたあとに、「いい女紹介しろ」って言ってたよぉ。
石原　嘘つけ、そんなこと言った覚えはない。
談志　俺の意識にはちゃんと残ってるよ。
石原　う、お前がヘンなこと言うから、俺、喉へ魚の骨が刺さっちゃった……。
談志　バチが当たったんだネ。
石原　取れた、通過しました。おい、お前、とにかくお飲みよ。景気が出ねえじゃねえか。グッといきなよ、それ。俺も、水割りにしよう。ちょっと、酔いを冷ましたい。
談志　ほんとによく飲むね。ビリー・ワイルダーがグルーチョ・マルクスに会ったとき、「君は何を飲んでるんだ？　そんなバカな物を飲むんじゃないよ。ＪＢのソーダ割りを飲みたまえ」って言われたんだって。その話を聞いたとき、俺、ＪＢのソーダ割り飲んでたんだ。それ以来、ＪＢ好きなんだよ。
石原　俺も、サントリーじゃなくてＪＢにしよう。昔、小林秀雄と白洲次郎は仲がよくて、その子供同士が結婚することになったんだが。白洲さんとオックスフォードで同級生だったロビンという伯爵がきた。それで鎌倉の小料理屋を貸し切りにして、永井龍男さんとか横山隆一さんとかが同席して、サントリー・ローヤルを飲んだんだ。小林さんが、「日本の自動車が優秀なように、今にウイスキーも欧米を抜く」って。それを白洲さんが通訳したら、ロビンが一口飲んで「アイ・ドン・シンク・ソー」って言ったんだ。要するに、ウイスキーにはキックがないとダメだ、こんな飲みやすい酒はウイスキーじゃないって。小林さん、「ふうん、そう言えばキックがねえな」って言うから、俺、「いいかげんな批評家ですねえ、あなたは」って言ったら、「うるさい、バカ野郎」って怒られたけど、おかしかったね。
談志　そういういい話、段々聞かなくなったね。
石原　そうなんだよ。こういう話を語り継ぐクラブとかソサエティがないんだ。昔、エスポワールの二階で、ソフト帽被って、レインコートも脱がずに立ったまま飲んでる客がいるわけ。その客が何かブツブツ言ってるから、近づいてみると、「くだらん、実にくだらん。何だこりゃ、まったくくだらん」。店の人に「あのお客さん、時々来るんですか」って聞いたら、「毎晩来ます」って言うんだよ。どこかの大学の先生でな。俺、なるほどなあ、分かりますよ、って言いたかったね。

福田　すばらしいですね、文化って感じですね。

石原　ああいう店も、なくなっちゃった。噺家はどうなの、立川流が他流派と交流することもねえのか。

談志　たまに居合わせることはあるよ。そういうときは、異次元の話なんかしたって分かるわけないから、向こうに合わせて、昔はこんな人がいた、あんなことがあったって、話をするんだ。だけど、あとから索漠たる気持ちになるね。こんな奴と時間過ごしちゃったと。

石原　君はちょっと、シャープ過ぎるんだよな。だけど、こいつはいいね、めちゃくちゃだよ、昔から。こういう人、いないとダメなんだ。だけど、最先端、極端な奴って、やっぱりつらいんだよな。

談志　さっきから俺のことホメてるようだけど、最終的には自己弁護なんじゃねえかって気がするね。

石原　何言ってんだ。俺は自己弁護なんてしないよ。女房にしかしない。

談志　うまいね。アー、もう帰って薬飲んで寝よ。

石原　薬なんか飲むなよ。体操して寝ろ。漢方とかさ、そっちの病院行きなよ。俺は気功の名人を知ってるから、紹介してやる。今書いてやるから、紙よこせ。

談志　糖尿も治るの？

石原　糖尿だって、誰が言ったんだよ。

談志　医学が言ったんだ。医者が、顔も見ないで数字だけ見て、あ、高いですねって。

石原　この頃の医者は体にも触らないからなあ。手練だったら触ればすぐ分かるんだ。

談志　自分はどうなの？　気功で、何が治ったの？

石原　胃炎とかストレスとか。俺もいろいろ大変なんだ。日本じゃいじめられてるんだよ。

談志　俺たちお互いに、可哀想なんだよな。

（「en-taxi」Vol.14 SUMMER 2006／『談志 名跡問答』扶桑社 二〇一二年）

「平和の毒」にやられたまんま……このままじゃ、死んでも死にきれねえ

一匹狼じゃなかったのか

石原　体は大丈夫かよ。あなた、慣れないことやるからいけないんだよ。
立川　慣れないことって、具体的にどういうことよ。
石原　家元なんかになるのは間違ってるよ。おまえさんは一匹狼のはずだろ。
立川　てめえだって一匹狼じゃねえか。
石原　ああ、一匹狼だよ。
立川　じゃあ「たちあがれ日本」に入ったのはどういうことだよ。
石原　入ったんじゃない。名前つけてやったんだ。
立川　ただそれだけ。
石原　そうだよ。
立川　まあ、何でもいいや。今度内閣総理大臣が代わったろ。自分と同期だとか下だとか、

早い話、自分よりバカな奴がなるってのはどうなんだい。

石原　そりゃ、あなたがあなたよりずっと噺が下手な咄家がエラそうにしていると腹立つのと同じようなもんさ。腹立つよりも、なんか寂しいっていうのか、お客がかわいそうだよな。

立川　かわいそうだよね。丸投げして「石原慎太郎さんお願いします」ったら、どう、引き受ける、日本を。

石原　そりゃ、ちゃんと引き受けるけどさ。

立川　引き受けちゃう。

石原　ああ、それしかないだろ。

立川　引き受けるのは簡単だけど、あんたが引き受けりゃ日本はなんとかなるの。

石原　なるね。ポーカーにたとえりゃ、日本はまだまだいいカードを持ってるんだからな。まずはそれを中国とアメリカにちらちらっと見せてやる。

立川　ブラフ（脅し）をかけるわけ。

石原　ちらちらっと見せればいいんだ。実はこっちはまだいいカードを持ってるんだから。でも、それをちらつかせる度胸ってものがねえんだな、この国は。

立川　だけどさ、日本はどうして周りの国にあんなにバカにされてるのかね。島を盗られたり、領海を何度も侵犯されたり。こっちから脅しをかける気はないのかね。

石原　そうなんだよ。こないだ岡本行夫《ゆきお》〔外交評論家〕と久しぶりに対談したんだけど、日米安保条約について話を詰めていったら、彼も正直なことを言ったよ。「尖閣（諸島）に火がついたら（日中紛争が起こったら）、アメリカは日本を守ると思うかよ。かつてモンデール（元駐日大使）は守らないって言ったんで、俺は徹底的に批判したんだ。それで共和党が『石原の言うとおりだ』と騒いで民主党政権の大使だったモンデールはすぐクビになった」って。それで岡本に「アメリカは日本を守ると思うか」と訊いたら、彼も「守りません」だって。

立川　守らないだろうな。

石原　だから「火がつく前になんとかしなくちゃいけない」って彼もはっきり言ったよ。要するに尖閣諸島には自衛隊を置けばいいんだよ。歴然たる日本の領土なんだから。日本はなんであんなに中国に遠慮するのかね。上海万博の「日本館」でもしばらく日の丸を揚げなかった。同じように尖閣でもしきりに遠慮している。自衛隊を駐屯させたらいいじゃないか。それはアメリカを試すことにもなるんだから。そもそも日本の領土に日本の自衛隊が駐屯して何がいけないんだ。政府は何も対応しようとしないから、俺なんかがちゃちな灯台を建てた。その後日本青年社が発奮して引き受けてね。

立川　知ってるよ、俺。

石原　立派なものを造ってくれたんだ。ところが外務省は時期尚早って言って、灯台を海図に載っけないんだよ。載ったのはやっと最近だよ。灯台はそれぞれ異なった光り方をするんだけど、尖閣の灯台と似た光り方をする灯台が近くにあったら、そして尖閣の灯台が海図に記載されてなかったら、航行中の船舶が勘違いをおかす危険性がある。それでもずっと政府はほうっておいた。その話を訪米したときウォルフォウィッツ（元米国国防副長官）にしたら、彼も「石原さん、それはとても危ないんじゃないか」って言ったよ。

立川　こんなジョークがある。巡洋艦が航行していると向こうに明かりが見えるんだよ。「避けろ、危ないよ」って巡洋艦は言うんだよね。すると相手は「おまえのほうが避けろ」って言う。「生意気なこと言ってんじゃねえ、おまえのほうから避けろ」「いや、おまえのほうが避けろ」。相手はどうしても退かないんだよ。「これが最後の通告だ。避けろ！」って巡洋艦が言うと、「おまえのほうが避けろ。てめえ、こっちは灯台だ」って。

石原　ははは。結構元気じゃないか。小咄はつなげるわけだ。

立川　やめたね、それもう。

石原　なんでだよ。要するに慣れないことをやってるからだろ。家元なんて、やめちゃえ、そんなもの。

立川　うるせえな。ところで岡本さんとの対談はどこで。
石原　ＭＸテレビ。「東京の窓から」って番組。

「平和の毒」に侵された日本人

石原　あんた、何も飲み食いしないけど、どうした。
立川　ここに来る前に歯医者行って薬付けたから、食べたり飲んだりは三十分待てって言われた。酒は前から止められてる。
石原　どうして。
立川　どうしてって、糖尿病と肝臓が悪いからっていうんで、退院してから一切酒はなし。なくてもいられる。ただ、睡眠薬だけはＯＫなんだ。それは向こう（病院）で出してもらってますよ。私が欲しいって言ってるわけじゃないんですよ。向こうが寝なさいと言ってくれてね。
石原　なんか愚痴っぽいね。俺はいい年になった人間から人生の愚痴なんか聞きたくない、特に談志の口からはね。
立川　愚痴言わせるようなこと言うからいけねえんじゃないか。
石原　何言ってやがるんだ。そうやってぼやいてばっかりいるじゃないか、このごろ。

立川　ぼやきに聞こえるかね。

石原　しきりに「死にてえ」とかなんとか。

立川　そうそう。

石原　福田和也あたりに「家元」なんて持ち上げられていい気になっちゃダメだ（笑）。

立川　いい気になってるかなってないか、そんなのわからないじゃん。

石原　家元って言われりゃ、いい気持ちになるんだよ。俺だって「総理大臣」って言われりゃ悪い気はしねえもん（笑）。

立川　あんた、総理大臣になるつもりで国会議員になったのに、ならねえじゃねえか。

石原　ならんな。なれねえ。

立川　国会にバカが多いからならせてくれないのかね。

石原　いや、まあまあ、抑えて、抑えて（笑）。

立川　まあ、いいや。

石原　結構元気じゃない。

立川　俺？

石原　元気じゃないの。

立川　いや、元気じゃないよ。

石原　いくつになった、おまえ。
立川　四つぐらい下なんじゃないか。
石原　ああ、結構いい歳だよな。
立川　うん、七十四。
石原　（古今亭）志ん生が死んだのいくつのときだった。志ん生は最後までおもしろいこと聞かせたそうじゃない。俺はあんまり熱心な落語の聞き手じゃないけど、死ぬまでシッチャカメッチャカだったんだろ。
立川　最後は倒れてヨイヨイになっちゃって、（おぶわれる格好をして）こんななって高座に運ばれた。執念と言えば執念だけども。
石原　もう話はできなかった？
立川　いや、客の前に出るんだからしてたんでしょ。
余計なことだけど、昔、吉井勇さんが好んだメクラの小せん（柳家小せん）〔初代〕って言われた落語家がいたんですよ。吉原通いが過ぎて腰が抜け、おまけに目が潰れちゃってね。それで抱えられて高座にあがって板付きで喋った。そこで語った小せんの詩がいいんだよ。
「飲みつけた酒じゃもの、今ひとつ、いや、置いておこう。生姜持て来い、湯漬けにしょ。

月が出たかや、風も来ぬ。泣かぬ蚊が刺す、おときや打てよ、俺の体に血があるか」って。「おとき」ってのは女房の名前ね。これを吉井さんは非常に好んだ。

石原　それは吉井さんの作品じゃないんだ。

立川　自分で書いてるんですね。そういう落語家もいたんですね。ちょっと俺とは違うけどね。

　話は変わるけど、なんで日本国民は石原慎太郎を総理にできなかったのかね。最近じゃ小さなタマが次から次へと代わっているけど、今度の総理大臣（菅直人）もタマが小せえな。

石原　彼はある意味では極左だよな。国会議員になったきっかけは市川房枝《ふさえ》の選挙応援だろ。市川房枝っていうのは結構いい加減だったからね。

立川　あのババア、俺の選挙を見に来て、「非常に清潔だ」って言ってたよ。そりゃそうだ。ほんとに銭がねえんだから。あんたに百万円もらったきりで、あと何もねえんだから。

石原　そんなこともあったたか。いまはね、俺も「たちあがれ日本」の名付け親として苦労してるんだよ。候補者が揃わなくて。よっぽど談志師匠に頼もうかと思ったけどさ。

立川　（ビート）たけしが「立ちくらみ日本」って言ったそうじゃない。

石原　言ってくれるね。

立川　だけど総理大臣がコロコロ代わっていくのを見てて、日本っていうのはこれからどうなんのかねと思う。
石原　どんどん落ちていくよな。師匠、「平和の毒」ってつくづくあるよな。
立川　あるよ。
石原　な。これは何も平和を嫌って言うわけじゃないんだ。だけど戦後六十何年もこれだけ安穏に緊張感もなく生きてきたのは、世界の中でも日本人ぐらいだろ。
立川　苦労はあっただろうけど、（昭和四十年代前半に）キャーキャー騒がれてたグループサウンズの連中の顔を見たとき、戦うことを忘れた国民からはこんなマヌケ面しか生まれないんだと思ったね。日本中そんな顔になっちゃって。
石原　ほんとだ。
立川　まだ朝鮮半島の三十八度線のところにいる奴のほうがいい顔してるよ。
石原　そりゃそうだ。緊張してるよ。下手したら死ぬんだから。日本はすっかり緊張感なくなっちゃったからな。マヌケ面してる連中が悪いんじゃなくて、俺たちが悪いんだ。
立川　われわれが？　どう悪いの？
石原　要するに、俺たちがリベラルと称する空疎な連中の跋扈《ばっこ》を許してしまったということさ。俺ね、今度の参議院選挙で二人か三人の敵をつくろうと考えている。具体的な名前は挙げられないけど、日本のために絶対に落としたいやつらがいる。周りに呼びかけてキャンペーンをはろうかと。できれば師匠に片肌脱いでもらってね。

立川　ヨットスクールの戸塚（宏）に頼んだらどうだい。

石原　いや、それも考えたけど、やっぱり劇薬過ぎてな。

立川　劇薬かね、やっぱり。

石原　談志も劇薬だけだろう。

立川　いや、俺はガキをヨットに乗っけて海の中放り込むようなことしない。余談だけど、沖縄で独演会やったときに、たまたまヨットスクールの話になった。ヨットから海の中へ放り込めば、どうしても苦しいから生きようと這い上がろうとする。ヨットスクールはそうやってガキの生きる本能を鍛えようとしているわけだが、戸塚の最大の誤算は、這い上がってこないガキが増えてきたってこと。頭を押すとそのままブクブクブクッて潜って上がってこない。そこに気づかないところが悪かったんだと。そう喋っていたら、目の前で戸塚さんが聞いてるんだ。終わったあと、戸塚さんが楽屋へ来て、「こりゃ参った」なんて話になったんだけどね。

石原　あそこの生徒が死んだ事件は、そういう話じゃないけどね。

立川　あの人はそこまでやってないと言ってますがね。

石原　そこまでやってないよ。
立川　それで、それがダメなら綱渡りだっていいじゃねえかっていうことになってね。
石原　そうだよな。水の上に綱を渡して。
立川　それから催眠術だっていいじゃねえか。「いま、おまえは海で溺れている」と催眠術をかけりゃ、それで訓練ができるんじゃないか、なんて話したんだけど。
石原　相変わらずあんた、発想がおもしろいね。

銀座に基地をつくれ

石原　話は戻るけど、今度の選挙で（演説の）トラックに乗るかい。
立川　いやいや。あんたは乗るの。
石原　俺なんか随分一所懸命、街頭演説をやってるよ。
立川　やってるの。
石原　やってるよ。年寄り軍団の年寄り応援団長、大変だよ、ほんとに。
立川　ああ、偉いねえ。
石原　しかし、仲間の演説を聞いても案外こまかいことばかり喋るわけだ。死病をかかえて死ぬ気でやってるんだから、情念を語らなきゃダメなのに。「このままじゃ、死んでも死にきれない。その気分でやってるんだ」ってことを訴えろって言うんだけど、「消費税は」とかなんだかの話になっちゃうんだよ。街頭演説でそんな話はする必要ないんだ。
立川　ひと口に言えばこの日本をどうすりゃいいの。独立させればいいの？
石原　びんた張るんだ、びんたを。
立川　びんた張るの。
石原　しかしこの国は外からぶん殴られないとダメだな。
立川　じゃあ早い話が、北朝鮮でも攻めてくりゃなんとかなるんだ。
石原　ほんと、それが一番いい。
立川　俺も言ってんだよ。つまりテポドンの四、五十発も飛んでくりゃいいと。それも銀座だとか六本木だとか赤坂にね。そうすりゃいくら若い奴でもピシッとするだろ。ただ北千住はやめてくれって言うんだよね。なんとなくそんな感じがしてね。これがまた受けるんだ、不思議なもんで（笑）。
石原　俺より過激だけど、それは師匠が言うから受けるんだ。俺はノドンができたとき、京都に一発撃ち込まれて金閣寺が焼けたらいいと言ったんだ。その昔、坊主に火を付けられて一回焼かれているから、今建っているのはレプリカなんだからってね。これがもう大顰蹙《ひんしゅく》を買いましたな。それで都知事選のとき、鳩山邦夫が「東京にノドンが落ちたらいいなんて発言する人間を知事にしていいか」って叫んでいた。何でこういうインテンショナルフックがわからないかね。
立川　だけど言うとおりだよ。ぶん殴られなきゃダメだ。
石原　だから俺はそれに備えておくなら、東京の一番目立つところに迎撃ミサイルを据えろって言ってるんだ。
立川　俺もどっかで同じようなことを書いたんだよね。銀座に基地を造っちまえとか。日本人の意識が少しは変わるんじゃないかと思ってね。

日本はアメリカの妾《めかけ》

石原　（熱い老酒を注文する）
立川　（店員に）何って言ったの、今。
石原　老酒。
立川　老酒を熱くして飲むわけね？
石原　そうだよ。
立川　まあいいや。老酒には氷入れねえかい。
石原　酒の飲み方忘れちゃったんじゃないのか。

立川　忘れちゃった。
石原　ああ、かわいそうになあ。
立川　まあ、かわいそうって言えばかわいそうだけど、別に飲まなくてもいられるな。
石原　あ、そう。睡眠薬は飲まないとダメか。睡眠薬の代わりに酒飲んだほうがいいんじゃないか。
立川　いや、睡眠薬というのは肉体に害がないんだってね。睡眠薬は医者が治療のために出してます。医者に聞いたら、睡眠薬は構わないですって。極端に言えば睡眠薬をいくら飲んだっていい。酒と一緒に飲むからいけないというのが医者の考え。それで俺みたいに酒を一切飲まなくなっちゃったっていう例はあまりないんだってね。飲みたいと思わんし。
石原　じゃあ、いま一番したいこと、したくないこと何だね。
立川　石原慎太郎を総理大臣にでもしてみたいね。
石原　まあまあ、調子のいいこと言うなよ、おまえ。
立川　いや、調子よくねえ、ほんとのことでね。どんなメチャクチャなことをして、どんなふうにやられるのか、楽しそうじゃないか。
石原　そういや、昔衆院選（中選挙区の東京二区）の応援に来てもらったときに、こいつ「石原慎太郎が嫌なら上田哲に」なんて言いやがったな。「このパチンコ屋はよく出ますよ。

パチンコするなら、何とかパチンコ。衆議院は石原、石原、でもいやなら上田哲」。こんな応援演説ってあるかよ、ほんと（笑）。

立川　裕次郎だって「何言っても構わない」って言ってたんだからね。そして「兄貴の応援なんてやめた。あんなうるさくて、ああでない、こうでないと言いやがって」ってぼやいてたよ。

でもね、感覚の問題なんだよ。ああ言えば、わかる奴はわかる。わかる奴は絶対上田哲には入れない。

石原　昔話はいいんだ。師匠、これからの話をしよう。

立川　昔話をしたのはそっちだよ。まあ、いい。これから日本はどうなるったって、アメリカの家来でずっといるよりしょうがねえだろ。

石原　家来っていうか、妾だな。

立川　うん。沖縄なんか独立しちゃったらどうだったんだと、昔言ったんだけどね。

石原　ああ、ほんとだよな。そのほうが幸せだったかもしれん、向こうの人もな。

立川　いいだろうと思うな。カジノをＯＫにして、日本というだらしのない亭主からカネ搾って、アメリカという旦那からもカネ取ってね。あそこを独立させちゃえば、日本は沖縄の属国にしてくれって言うんじゃないかなんて思ったんだけどね。いや、そのぐらいのものは沖縄にあると思うんだけどな。

石原　可能性としてはな。ただ現実の沖縄は、ほんとにかわいそうだよな。とにかく貧しい。

立川　そもそも独立国に、向こうの基地があるってことがおかしいわけでしょ。

石原　そう。東京のど真ん中にも横田基地がある。羽田空港の管制空域よりも横田の管制空域のほうが広いんだぜ。

立川　管制空域？

石原　ヨーロッパから帰ってくるとするだろ。ロシアを過ぎて日本海へ出る。そこから真っ直ぐ成田へ飛んでこられないんだよ。横田の管制空域を避けてずうっと横を通ってこないといけない。変な話だ。アメリカは一都八県の空域を押さえていて、そこは入っちゃダメ。要するにここで演習するからダメって。日本の飛行機は一切入れないんだ。

立川　迂回するわけ。

石原　回っていくんだ。

立川　ずいぶんふざけた話だな。

石原　ほんとなんだ。で、彼らは「横田は第二次大戦の戦勝品だ」って言ってるよ。

立川　アメリカが？

石原　うっかり言ったんだ、それ。でもそれは本音だよ。セカンド・ワールド・ウォーの記念品（souvenir）だって。

立川　硫黄島じゃ済まないんだね、やっぱり。

日本にとっての石原慎太郎の使い方

石原　硫黄島で思い出したけど、「参院選に出ないか」って野口健（アルピニスト）を口説いたら逃げられちゃってね。「遺骨収集を僕は一生懸命やりますから」って。

硫黄島の戦いっていうのは、先の大戦でアメリカの攻略部隊の戦死傷者数が日本軍を上回った稀な戦場で、アメリカ軍の戦死者は約六千八百人。玉砕した日本軍は守備隊のほとんど約二万千九百人が戦死している。アメリカは遺骨と遺体を全部収容しようと作業を続けてきて、ただ一人いまだにわからないのをいまも莫大なカネをかけて探してるそうだ。

立川　誰が？

石原　アメリカだよ。硫黄島で。日本兵はいたるところに遺骨が遺されているけれど、国に収集の熱意はない。だからこそ野口は「お国のために死んだ人間は、徹底的に面倒見たい」と。

立川「今度会うのは来年四月靖国神社の花の下」なんて言って、出征していたわけだから。

石原　しかし、国はロジスティック（兵站）も考えないひどい戦争をやったわけだよ。南方ではほとんどが餓死しているわけだから。せめて国家の責任をしっかりと受け止めてもらいたいもんだよ。

立川　話はずれるけど、満州あたりではずっと勝ってたんでしょ。

石原　そうだよ。終戦時でも中国戦線は維持できるぐらい軍隊は残っていたと言われてる。

立川　俺、「満州を返せ」ってフレーズを入れた名刺をつくってんだよ。いまから言っても遅いだろうけど、それを選挙のキャッチフレーズにしたら、知ってる奴は入れると思うけど。

石原　ははぁ。蔣介石が日本から賠償を取らなかった理由はいろいろあるだろうけど、一番大きかったのは満州に行ってみたら日本が満洲国のために造った満鉄をはじめとするすごいインフラが残されていたことだろう。これをただで俺たちはもらうんだから、もう賠償なんか要りません、それより日本に恩を売ったほうがいいって辞退したんだよ。それから、北朝鮮との国交正常化交渉にあたって「日本は賠償しなきゃいけない」と言う連中がいるけれど、北朝鮮に日本が残してきたインフラでお釣りが来るぐらいだろ。向こうの電力なんて日本の造ったダムで賄われているんだから。

立川　実質的にはこれで十分間に合ってるわけだ。北朝鮮はいつまでもグダグダうるせえから、「全部面倒見てやるから、おまえら俺のところの子分になれ」と言ってやったらどうなのかね。

石原　（笑）いや、なかなか名論です。

立川　バカにしてるな、俺のこと。

石原　してないよ。日頃の御正論尊敬してるんだ。

立川　余談だけど、西部邁《すすむ》（評論家）がどっかに「尊敬するのは立川談志」って書いてね。そんで会ったときに「ああ、いいとこへ気がついたと。同じ稼業の人間を尊敬するのはプライドを傷つけられるから、立川談志って書いときゃニュートラルみたいなもんで、これならちょうどいいだろうと思ったよね」と言ったら「そんなことない、本気で尊敬してるんだよ」「よしなよ、いまさらそんなこと西部邁の言う台詞じゃねえ」「俺は尊敬してるから尊敬してるって言ってるんじゃねえか」「考えてみりゃ、尊敬してる奴とされてる奴が喧嘩してるっていうのは変な話だ」って大笑いしたことがあるんだけどね。

話を元へ戻すと、つまりヨイショみたいになるけど、石原慎太郎の使い方っていうのはあるんじゃないかと思うんだけどな。

石原　ダメだね。そりゃ無理無理。

立川　だって日本の国民が嫌がるの？　それとも政府が嫌がるの？　財界が嫌がるの？

石原　そういう問題じゃない。総理大臣の孫、総理大臣の息子、それだけで自民党って政党の総裁候補の順位はぐっと上がるということ。こんな封建的というかバカバカしい組織はないですよ。安倍晋三だって福田康夫だって麻生太郎だってそう。

立川　福田康夫っていうのは福田赳夫《たけお》のせがれだっけ？

石原　そうだよ。彼はもうほんとに気の抜けたソーダみたいだったな。北京のオリンピックの開会式に俺も出席したんだけど、大きなスクリーンに各国元首の姿が映されるわけ。どこの国の元首たちも自分の国の選手団が来たら立ち上がって手を振って笑う。そのとき立たなかったのは福田と北朝鮮の代表だけだ。それで次の日、福田は選手団の激励に行って何と言ったと思う？「せいぜい頑張ってください」って言った。「せいぜい」って言葉は辞書引けば、「できるだけ」っていう意味らしいんだが、こんなのは一国の総理の激励の言葉じゃない。

（談志、いったん席を外してインシュリンの注射を打ち、戻ってくる）

石原　おまえ、インシュリン打って酒飲めよ。そんなに命が惜しいか。

立川　戻ってくるそうそう、困るようなこと言わないでくれっていうの。

話を戻すけど、よく国境と宗教問題のトラブルのない国の政治家ほど楽なものはないと言われるけど、日本はどうなんだい。国境はないけど。

石原　トラブルはあるよ。日本ほどいまだに周辺の国と国境の問題でごたごたしている国ってないんだ。

立川　陸の国境はないけどな。

石原　北方四島に竹島もそうだろ。それと台湾と中国は尖閣諸島を俺たちのものだと言ってきた。台湾はこのごろ黙ってるけど、蔣介石のころ言い出した。そしたら中国が自分の属国である台湾が言ってるんだから間違いなく尖閣は俺たちのものだって言い出した。こういう問題はハーグの国際裁判所に提訴したら事は決着するんだが、中国が出てこないんだ。両方出てこないと裁判は成り立たないからね。それにアメリカもこんなことを言っている。「沖縄は日本に返したけども、尖閣諸島が日本の領土かどうかは知らない」と。

鳩山由紀夫はこの問題について、全国知事会の席で、「(尖閣諸島の)帰属問題は日中当事者同士で協議して結論を出す、と理解している」なんて言ったんだよ。こんなバカをいう総理大臣いるのか?

辞めちゃったからもうこれ以上後追いしないけどさ。

民主主義を担保するのは健全なテロリズム

立川　朝鮮っていうのは不本意だったのかもしれないけど、自らが日本の一員になるって言ったわけでしょ。
石原　日韓併合条約っていうのは、大韓帝国の首相（李完用）とわが国の韓国統監（寺内正毅）との間で正式に調印された合法的なものなんだ。当時の朝鮮は清朝かロシアの属国になるしかないという状況だった。もしロシアに帰属したら革命が起こって、もう北も南もなしに朝鮮半島は全部共産圏に組み込まれただろう。清朝はすぐに滅びたから、くっついていたら朝鮮も大混乱になった。日本にくっつくというのは要するにセカンドベストの選択だったと思う。そりゃ、彼らにとってみると不本意だったのは間違いないが、その選択をしたのは彼ら自身だからね。当時、朝鮮の最大政治勢力と言われた一進会が「韓日合邦を要求する声明書」というのを出してもいる。
立川　そんでもって、大東亜戦争では日本人として戦った。それで日本が負けたからって、なんで朝鮮が戦勝国みたいな態度をとるの。
石原　そのとおりなんだよ。当時の国際的な常識や国際ルールで言うと、日本は非難される余地はなかった。

立川　それで日本が負けて、朝鮮はずるずるのまんま南北に分かれて独立した。韓国では李承晩が出てきて竹島を盗み、その後も何かにつけてガタガタ文句をつけてくる。そもそもあいつらに脅かされる理由なんてないわけで、いつまでもガタガタ言うんだったら、右翼を竹島へ送り込んで奪い返しゃあいい。

石原　そりゃ無理だって。だって、これだけ政治が悪く閉塞感に覆われているのに、右翼と称してる連中は国賊を誅することもしないんだからな。

立川　たしかにそうだ。

石原　竹島に攻めていく度胸なんて全然ないよ。

立川　そういやあ、最後の右翼の何さんだっけ？

石原　清水行之助《こうのすけ》さん？

立川　そうそう。清水さんとの関係で大行社《たいこうしゃ》の人間に会ったことがあるんですよ。そんときに右翼伝統の「一殺多生」や「一人一殺」はどうなってんだと聞いたら、幹部の一人が「今じゃ殺す奴はいない」って。それでそこにいる知り合いが恐喝かなにかで刑務所へぶっこまれちゃったんで、俺が手紙出してやったわけだよ。「脱獄のときはいつでも相談しな。欲しいものは、機関銃からミシンからすり鉢からナイフから何でも送るから」って書いてやった。そしたら二年ぐらいたって出てきやがった。俺の手紙を見せてくれたんだけど、その部分は全部黒く塗ってあるんだよね。シャレのわからないというか、当たり前だけど。

石原　（笑）まあ、そりゃそうだよな。

立川　右翼もだらしがないね。

石原　いや、もう右翼なんかいないって。警察庁の中枢にいた右翼対策の最高責任者が、昭和天皇が亡くなったときの警備で、一番マークしたのは明治から昭和前期にかけて活躍した巨額の流れを汲む団体と、戦前から活躍した民族派の大物の私塾だった。式典に設ける鳥居の問題でその二つがどう動くかマークしていたんだけど、結局動かなかった。そのあとでその責任者と会ったら、「石原さん、これで日本の右翼は完全になくなりました」と言っていたな。

厚生省の岡光《おかみつ》（序治《のぶはる》）って事務次官が老人福祉を食い物にマンションやゴルフ会員権を買って捕まった事件（収賄容疑）があったろう。ああいう手合いは、昔だったら右翼に殺されてますよ。

かつて三島由紀夫が政府による反クーデターをしきりに言ってたことがいま思い出されてならないね。恐ろしいこと言うなと思ったけど、このごろになってみると妙なリアリティがあったなあ。三島さんの逆説だけど、健全なテロリズムの可能性が健全なデモクラシーを担保するっていうことが考えられなくなったら、実は民主主義なんてもたないんだよな。

世の中に正論はあるか

立川（鱶鰭《ふかひれ》の煮込みを注文する）

石原　インシュリン打てば何食ってもいいのか。

立川　そうよ。でも、何食ってもいいったって別に石鹸《せっけん》食うわけじゃないよ。もう死んじまったけど、たこ八郎って奴がいた。そいつがボクシングをやめて由利徹さんの弟子になったころの話なんだけど、由利さんが「レモンハイ持ってこい」ったら、どうも味がおかしいんだってさ。「何入れてるんだ」ってきいたら、ママレモンを持ってきたって。そんなもの食わされたら死んじまうけど、医者に言わせりゃ、俺の場合何食ってもいいんだって、とりあえず。

いろんな話があるけどね、そっちのほうのバカバカしい話は、（笑福亭）鶴瓶《つるべ》が一番おもしろい。本にもちょっと書いたんだけど、懐メロの喫茶店、いやバーで酔っぱらって、素っ裸になってチンポコ出して（ビート）たけしと二人で踊ってる写真があるんだよ。「そういうときにチンポコを出せるか出せないかでもってその人間性がわかるね」って鶴瓶に言ったんだよ。そしたら「石原慎太郎は出すかね」っていう話になってね。ことによると出すんじゃねえかと。石原ってのは男の面子《メンツ》を大事にするやつだから、率先してチンポコを出す奴じゃないかという結論になった。

石原　昔は素っ裸で踊ったことはあるよ。

立川　あるでしょ。

石原　だいぶ前になるか、（ＳＭＡＰの）草彅《くさなぎ》なる若者が捕まったけど、周りの反応が大袈裟だった。ちょっとかわいそうだったよ。俺なんかも大学の寮にいるときやったもの。

立川　まあいいや。その話はこっち置いといて、与太話と朝鮮の話と随分差があるけど、実は大して差がねえんだ。ほんとのこと言うとね。

石原　どう差がねえんだ。

立川　つまり、世の中に正論なんていうのはあるのかねって問題になってくるんだけどね。それと同じようなもんで、与太話と正論も大して差はねえな。

石原　？　インシュリン打ったら急に元気になりやがって（笑）。

立川　いや、あなたに会うと、どっかで石炭燃やされる感じになるんだよ。だって普通こういう声出さないんだもん。

石原　じゃあ、インシュリン打つ代わりに俺が一日おきでも会ってやるよ（笑）。

立川　ありがたい。

石原　なあ。いやあ、だけどほんとに不思議な人だね。ほんとに勝手なことやって。だからこそ家元なんかなっちゃいけないんだ。俺に言わせると。まあ、いいや、もう繰り返さないけどさ。

（「正論」二〇一〇年八月号／『石原愼太郎の思想と行為7』産経新聞出版 二〇一三年）

対談
自殺を考えたこともある……死を追うな、生き抜いて人生を全うしろ

世の中、一人じゃやっぱりダメ

立川　「家元なんかやめちまえ」ってあなたは言うけど、そっちだって立川流の「コモン」なんだからね。忘れてもらっちゃ困るよ。

石原　なんで俺が「コブン」なんだ。

立川　なったんだよ。立川流をつくったときに、（先代の中村）勘三郎と手塚治虫と石原慎太郎と稲葉修《おさむ》と森繁久彌《もりしげひさや》とかがなってくれてるんだ。あなたを除いてみんな死んじゃってるけど。

石原　それ何？　名誉弟子か？

立川　弟子じゃねえよ、顧問だよ。

石原　顧問か。子分《こぶん》じゃなくて顧問かい。

立川　子分じゃねえ、顧問。顧問ですよ（笑）。

石原　顧問と子分じゃだいぶ違うわな。
立川　全然違うね。みんな死んじゃって、残ってるのは石原さんぐらいだよ、もう。手塚さんがいなくなって、勘三郎が死んじゃって、シゲさん（森繁）が死んじゃったろ。
石原　勘三郎って今の勘三郎じゃないんだ。
立川　もちろん違う、あんなガキじゃない。おとっつぁんのほうだよ。まあいいや、そういうわけであなた顧問なんだから、それやめちまえ、やめちまえって言ってもらっちゃやっぱり困るね。
石原　何を言ってやがる。あなたは落語の革新者なんだから、そもそも家元なんかやったらダメなんだよ。
立川　いや、逆説的だけど、だから家元をやってんだよ。
石原　あなたには、一匹狼として未踏峰の一番高いところを目指してほしいんだよ。弟子なんかほったらかして。
立川　石原先生の前ではござんすが、世の中、一人じゃやっぱりダメ。
石原　そうかね。
立川　ダメですよ。
石原　まあ、そりゃわかる。それは俺だって参議院選挙の後、佐藤（栄作）派に入ってそれを継承した田中派に入っていれば、角栄にかわいがられて、橋本龍太郎よりはいいとこ行ったかも知れない。だけどそれはダメなんだ。その気は全くなかった。おまえなんかやっぱり俺よりも人間が俗なんだ。弱いんだよ。だから家元になっちゃったんだな。

立川　弱いか強いか知らねえけど、そういう状態になってみないと、お互い様、わからないことが多いんだよ。

石原　（談志の息子の松岡慎太郎氏に向かって）なあ、慎太郎君、俺に共感しろよ、きみ。

立川　家元の内容の話だけど、家元っていうのは茶道でも華道でもちゃんとした形があるけど、俺にはないわけ。とりあえず家元と言っただけで、別に「たちあがれ立川流」代表でも何でもよかったわけなんだ。家元にそれほど深い意味はないの。

石原　あ、そう。じゃあ、あんまり面倒見のいい家元じゃねえんだな。

立川　面倒見なんてよくないよ。何もしないもん、俺。

石原　あ、そうか。

立川　あんたと同じだよ。だって都庁なんて行ってねえだろ。

石原　何、冗談じゃない。

立川　行ってるの。

石原　行ってるよ、ちゃんと。

立川　あ、そう。

石原　だらだらする会議を短くして、報告書を一枚にまとめさせたり、相当効率化してやっているよ。やることはやってんだ。

立川　前に都庁のジョーク言ったじゃないですか。忘れちゃったかな。地方から出てきて新宿の立派な庁舎を見て、「すごいものを造りましたね。この中で何人ぐらいの人が働いてるんでしょうね」って言うと、「少なくとも半分以下でしょうね」って。そういうジョークがあるんだけどね。ところで、銀行（新銀行東京）の評判が悪かったって何なの。

石原　あれはおかげで立ち直りましたよ、ちゃんと。

立川　立ち直ったわけ。

石原　黒字を出しました（五月二十一日発表の前期決算で十五億五千万円の黒字）。まだ細々とやってるけどね。まず黒を出して信用を取り戻さないと、いろんなことができないんだよ。愚痴言ってもしょうがねぇけどさ、銀行っていうのは妙な法律がいろいろあって、株主の知事といえども口出せねぇんだよ。心配だから報告持ってこいとも言えない。でもやっといいところまで来たから、これからのセカンドステージはいろいろ知恵を出し合って頑張ってほしいけどね。外国のセクターも東京都には強い関心を持ってるし。

立川　なんでそんな面倒なことを始めたんだよ。

石原　超零細企業にカネ貸してる大銀行が全くないとはいわないが、全然面倒見がよくない。焦げつきそうだなと思うと、リレギュレーション（条件、規制の緩和など）という立て直しの相談もしてやらずに、平気で潰してしまえとなる。バブルの後処理のとき税金もらって、立ち直った彼らはその恩恵を今までどれほど返したのか知らないけど、とにかく厄介なことはやらないんだ。ささやかな融資は簡単に止めて倒産させるわけ。大銀行はそれで煩わしい時間を割かずに済むけど、潰されるほうはたまったものじゃない。
だから新銀行東京は零細企業と話し合って、「この経営は変えたほうがいいですよ」、「こういうことはこうしたほうがいいですよ」と、リレギュレーションを、経営立て直しを一番親身にやってるんだ。それで続いた会社がずいぶんある。いい技術を持ちながら当座の資金繰りで潰れていく零細企業を見捨てられるか。大銀行は一切やってない。みんな平気で見捨てて潰してるんだよ。

立川　そうか、そういう感じは俺でもする。いい技術を持ち黒字なんだけれども、あなたの言うとおり当座の資金繰りに苦労してる会社はいっぱいある。あなたの元の選挙区（大田区、品川区）なんかそういうのはいっぱいあるよね。

石原　あるある。

立川　そこに貸さない理由って何なんですか。

石原　債務超過になっているからさ。要するに国が決めたルールなんだよ。だから新しい機械を入れたら必ず立ち直るし、そこが作る製品がなかったら大手企業も困るという会社にも融資できないんだよ。こんな残酷なことがあるかと思って、やっぱりこれを助けなきゃいかんなと思って銀行をつくったのよ。

立川　ああ、そこへ来るわけだ、話は。

石原　そうなんだよ。

佐藤派に行かなきゃいけなかった義理……

石原　俺、Twitterっていうのに興味あるから調べてみた。谷垣禎一《さだかず》（自民党総裁。当時）のTwitterって誰が書いてるのかな。たぶん党が書いてるんだろうな。つまらない弁護士の文章なんだ。これじゃ誰も読まない。それから蓮舫《れんほう》とか前原誠司《せいじ》や鳩山由紀夫のTwitterを見たら、「いや、実は困ってるんですよ」とかなんとかコロキュアルに語りかけてるわけ。それなら読むけどね。まあ、あんなものやらせたら俺が一番うまいと思うんだけどな。

立川　思い出したけど、谷垣ってかわいい坊やだったのね。俺が加藤紘一と会食の約束をしていたときに、若い坊やが来て「加藤先生はちょっと遅れてますけども、よろしうございますか」って言うから、「待つことは平気なんだよ」って答えた。それこそ「坊や」って言いそうになった。ところがよく見たら議員バッジを着けてるんだよ。だから「何、あんた、議員なの」って言ったら「はい、そうです」って。これが今の谷垣なんだね。かわいい顔した坊やだったよ。たしか、「加藤の乱」のときに、谷垣は加藤に向かって「あんたが大将だから」って号泣してたね。それ以降、加藤もぱっとしなくなった。ところで、小沢一郎はなんであんなにカネが要るの。個人の趣味か。こんなこと、あんたに聞いたってしょうがないけども。

石原　やっぱりいろいろ使い道があるんだろうな。

立川　あるわけでしょ。

石原　個人で不動産をあんなに持ったってしょうがないと思うけど。

立川　ああ、現金にしなきゃ。

石原　やがて売るのかね。利殖に。

立川　あなたは撒くカネが必要ないわけ。

石原　撒く相手もいねえもん。

立川　だからあんまりカネを欲しがらないっていうか、無理にどこかでつくってくる必要はないわけだね。

石原　まあ、なんかね、そういう意欲はあんまりないね。一人でいるから。
立川　意欲の問題かね。料簡の問題じゃないのかね。
石原　「カネは数、数は力、力こそ政治」って角さん（田中角栄元首相）の論理で言えば、俺はやっぱりちょっとね。角栄っていうのは面白い人だったけどな。あなた、角栄とあまり接点なかったの。
立川　なかったですね。ただ、（沖縄開発庁）政務次官になったときに、車代かなんか持ってきてくれたけど、角さんとはほとんど縁はなかった。むしろ佐藤（栄作）さんとはそれこそ芸人のときから呼ばれて座敷に行ってたから。
あるとき、夫妻の座敷に派手な背広を着てったら、「おまえ、ひでえの着てきやがったな」って佐藤さんに言われたのをいまだに覚えてる。だけど、噺は受けてね。それこそ花道を観客の拍手に送られながら、ってこの場合の拍手は佐藤さんと（夫人の）寛子《ひろこ》さんの二人だけですが、それを背中に背負って帰ってきたこと覚えてるけどね。
昭和四十六年の参院選挙で当選したときにね、俺はNHKの前の小さなアパートに書斎みたいの持ってたんですよ。そしたら電話がかかってきて、「これから行くわよ」って言うの。「どちらさんですか」「寛子。寛子よ」「あ、そうですか。どうも」。それから来たよ。来て、「これは何も言わないでね。あんた、ウオッカが好きでしょ。ウオッカ持ってきたのよ。あとお母さんに、これ、最中《もなか》だからね。ここで会ったこと何もなし」。そう言って帰っちゃったの。開けたら中から三百万円出てきてね。だから本来は、俺は佐藤派に行かなきゃいけない義理があったんだよ。

石原　いや、俺だって佐藤派に行かなきゃいけない義理もあったろうが。だけどいいんだよ、そりゃ。

立川　しょうがないか。

宗教へ走るか自殺するか……

立川　それにしても、日本の政治はどうなんのかね。昔、小室直樹さんが「外務大臣はサッチャーにしたらいい。総理大臣はゴルバチョフを頼め」って言うんだよね（笑）。「そんなことはできませんよ。だって日本人にならなきゃできないじゃないですか」ったら、「そんなものは永田町特別区ってやつをつくればいい。それでやったら日本もうまくいく」なんて言ってましたけどね。

小室さんで思い出したけど、そのころ、ミッキー・カーチスとデーブ・スペクターとで、行きつけのバーの『美弥《みや》』で麻原彰晃《しょうこう》（オウム真理教教祖）に会うことになってね。俺、ちょっと別件があって弟をやっちゃったんだけど、帰ってきた弟が「兄貴、行かなくてよかった」って。

麻原はスプーン曲げで有名なユリ・ゲラーと一緒に暮らしたことがあるらしい。ミッキーはスプーンが曲がるって感心していたけど、スペクターの奴はそんなことあり得ないと言ってるわけね。俺はそこに小室先生がいたから、「先生、麻原の空中浮遊をどう思いますか」って訊いたら、「君ね、浮かないと思うから騙されるんだ」って言うんだよね。そりゃそうだよね。浮かないと思うから騙される。「じゃあ、浮くんですか」って言ったら、「それを調べるのを学問と言うんだ」だって。それで俺に、「家元、体が宙に浮いてどんなプラスがあるんですか」って言うから、「屁が籠もらなくていいだろう」って答えたら「それは言えます」って（笑）。

石原　なるほど。埋没させるには惜しい人だな。

立川　その後中国に行ったときに、ガイドがこんなこと言うの。「この間、麻原彰晃さん一行が来ました。みんなとてもジェントルマンで立派な人たちでした。だけど一つわからないことあります。麻原さんの入ったお風呂の水をみんなで飲むことです」って言うんだよね。

今、自分の頭がおかしくなってみると、結構頭のちゃんとしてる奴が、ああいうところへフッと行っちゃうのはわからないこともないような気がする。何もすることがなくなっちゃって、いろんな妄想に襲われて、たまんなくなる。でも、無になろうと思っても無になれっこない、過去を持ってる人間だから。そうなると、ことによると宗教に走っちゃうかも知れない。

石原　麻原は、結局は麻薬を使ったわけだけど、お経にも書かれているけど、ある過酷な修行をすると意識が朦朧《もうろう》となって自分が無の境地に達するというのは現実にあるんですよ。現に比叡山などでの、何年間かの山籠りでの修行でやっているよ。たとえば一週間強制的に眠らされずにいると、立っていてもうつらうつら夢を見る。そのイリュージョンがどれほどの意味があるかわからないが、忘我の我という別人格にはなるよな。

立川　お経に？

石原　そう。麻原たちはそれを麻薬を使って拙速に人為的にやって、一種の幻覚を見ようとしたわけだ。

立川　早い話が打ってたんでしょ？

石原　そうそう。

立川　何もすることがなくなっちゃって、死にもしないしボケもしない。だけど俺みたいに動くのが面倒くさくなっちゃうと、変な妄想みたいなのが浮かんできて始末が悪いよ。俺、来るような気がしてしょうがねえんだけどな。まだ先のことだからわからないけども、自殺をするだけの気力がなくなってるっていう事実を持ってるから。

石原　自殺を考えたことがあんのか。

立川　何度かありますよ。何年か前に指パッチンのポール牧がビルから飛び降りて自殺したでしょ。テレビでも舞台でも言ってたけど、そのあとで俺が自殺すると「ポール牧に続いて談志も」って書かれるのだけはイヤだからね。それだけは勘弁してくれってね。だから自殺はしなかった。

石原　彼は坊さんになったんだよな。

立川　そうなんだ。あいつは坊主のうちなんです。

石原　資格を取ってね。裕次郎の合同葬のときに、「私も今日は坊主で参加します」と言って来てくれた。しかし、なんだか危なっかしいなあっていう感じはそのときしたな。

立川　ああ、危ない。で、俺は彼の自殺をいいほうに取ってね。「俺のあとに続くとみっともないよ」という遺言を俺にしてくれたんじゃないかと。それで奴に貸した金はチャラだと、そういうふうに思ってね。

石原　カネを貸してたんだ。

立川　多くは貸してないけど、ちょっとずつね。

石原　師匠、ちょっと待てよ。ポール牧と自分を結び付けるのはおかしいよ。彼には失礼だけど、芸人の格が全然違うぜ。
立川　でも正直な気持ちだからね。
石原　やめなさいよ、そんなこと。つまんない。ギャグに使うにはいいんだけど。
立川　もちろんギャグです、そりゃ。ギャグ、ギャグ（笑）。

反乱を起こし始めた落語の登場人物

石原　ところで、福田和也があんなに立川談志に入れあげるっていうのは、どういうことなのかね。
立川　俺は自分でわかるね。去年、われながら素晴らしい落語をやったって言ったでしょ。「芝浜」だけど、終わってから五分以上、俺も舞台から動けない。観客も動けないという状況だった。普段だったらお客は俺の今日の噺は出来がよかったの、悪かったのってしゃべりながら帰るんだけど黙ったまんま。うちの娘がやってる銀座のクラブに流れてくる客も多いんだけど、その日は一切俺の話題は出なかったそう。俺はなんかミューズ（ギリシア神話で詩歌・音楽・学問・芸術等あらゆる知的活動をつかさどる女神）が舞い降りてきてイタズラしたんじゃないかとしか思えなかった。そのぐらいいい出来だった、そういうのが多々あった。

石原　多々あったのか。滅多にねえんじゃないか。

立川　そりゃ滅多にねえけど、それに近いようなことが他の噺でもあった。ところが、ミューズが舞い降りるようになって、奇妙な現象が起こるようになった。舞台で言うと俺がいちおう演出家であって、そこへ出てくる八つぁんとかクマさんが登場人物なんだが。

石原　それをあなたが演出するんだろ。いままでの定番の話の運行じゃなしにな。

立川　そう、俺が演出する。ところが近頃、演出された奴が俺に刃向かってきやがる。俺に断りなしに勝手な行動を起こしやがる。「もうこいつのとこでやってられない」って言い出しやがる。

石原　そうなると話の筋が変わるわけか。

立川　もちろん筋が変わるってことも、正確に言うと一つある。具体的に言うと「芝浜」って噺。酒ばっかり飲んで仕事をしようとしない魚屋が芝の浜で大金を拾ってしまい、その日も働くのをやめて酒を飲んで寝てしまう。目を覚ました魚屋に女房は大金を拾ったのは「夢だった」と嘘をつき、しっかり働くように諭《さと》す。魚屋は酒を断ち懸命に働き店は繁盛する。そして、大晦日《おおみそか》になって「こういうわけで」って女房は謝りながらお金出す。

石原　その噺聞いた。

立川　聞いたろ。

石原　それが反乱すると、どうなるの。
立川　最後に、酒を断って働いた亭主に、女房は嘘を詫びて酒を勧めるけど、魚屋は「夢になるといけない」って言いますよね。その後なんだよ、この女房が亭主に向かって「もうちょっと、おまえさん、こんな奴（談志）のとこでやってるのよそうじゃないか」って言い出しちゃった。やってらんねえよ、こんなもん。
石原　なるほど。
立川　たとえて悪いけど、石原さんの小説に出てくる連中が、「こんな奴の作品なんかに登場したくねえや、もう、よそうじゃねえか。石原慎太郎、勝手にしやがれ」っていうふうに反乱を起こしたと思ってくれりゃいい。
石原　つまり自分が感じるのかね。それはしゃべれないんだろうな。
立川　それを舞台でしゃべることは可能だけど、それはどうかな。面白くねえんじゃねえかな。
石原　それは師匠が一人で感じてるのか。
立川　いやいや、しゃべればわかってくれる人もいるよ。
石原　いや、だけど一人で感じてるんじゃないの。観客はわからないんじゃない。
立川　観客もわかるときがある。たとえば鉄拐《てっかい》という仙人がだんだん俗化してっちゃうっていう落語（「鉄拐」）があるんですが、その鉄拐が俺が決めた俗化の順序を勝手に変えてっちゃう。俺の演出ではやらないようなことを勝手にやっちゃうわけさ。噺をよく知ってる客は「変わった行動を起こしましたね」と言ってくる。そうなると、落語っていう古典芸能の一つの形態がガチャガチャになっちゃうね。何だかわからない。こうなってくると、自分が極めたつもりの噺がつまらなくなってくるんだ。はっきり言えば飽きちゃう。

だからもうなんだかわからなくなって、たとえばこの間ちょっとやったのにこんなのがある。

「こんちは」

「誰です？」

「ペリカンのクマだ」

「ペリカンのクマ？」

「上がっていいですか。地雷なんて仕掛けてありませんか」

「地雷はないけど線香花火があるから気をつけろ。今ここに蚊取り線香を焚いたから」

何だか訳のわからない会話になってきちゃってね。ずいぶん昔にラジオで「談志・円鏡歌謡合戦」というのやってたんだけど、それに近いようなことにもなってくる。何言ってるんだろう。

石原　それはあなたの中にフラグメントが閃《ひらめ》くんだろうけどね。
立川　何が？
石原　なんか断片的に閃くものがあるんだろうね。それが要するにつながり切らないんだな。きみ、やっぱり勘がいいから、閃いたほうへ当意即妙についていくんだろうな。ピランデッロ〔イタリアのノーベル賞作家〕の傑作『作者を探す六人の登場人物』的な構造だな。
立川　で、ついていっちゃうんだよな、演者である俺のほうが。
石原　そうだろうな。
立川　だから端から見りゃキチガイですよ。キチガイの一歩手前で止まってるのは、いちおう俺は笑わせ屋であるっていう、稼業に対する一つの警戒心をどっかで持ってるからだろうと思う。たとえばよく話すんだけど、円鏡とやってたころは、「金沢八景っていうのがありますよね。今日は一つ東北八景をやろうじゃないか」っていうことをいちおう打ち合わせして、「行くぞ、円鏡さん、東北八景の一番はどこでしょうね」ったら、「由利徹の実家だ」って円鏡に言われたときには俺、腹抱えて笑ったな。由利徹の実家が東北八景の一番に来るっていう、こういう発想に近い。これは笑いになるからいいけどね。……俺の話はどうでもいいや。
石原　しかしあなた、作中人物が裏切ったり反乱したり勝手に動いたりするの、面白いね。

だからそれで立川談志の「死神」なんて聞きたいんだけどね、怖い話だけど。
立川　怖い話だね。
石原　あれ、ああやって終わらざるを得ないんじゃないか。
立川　普通の噺家は「ああ、消える」と言ってひっくり返ってみせる。中には「ついた。これで第二の人生が始まったんだ」と目出度く終える奴もいる。俺の場合は、せっかくついた火を死神が吹き消してしまう。死神は散々っぱらこの男に苦い水飲まされてるわけですから当然だろうと思ってやってるんですがね。
石原　前から師匠に新作を書くと言ってるんだが、俺、ルイージ・ピランデッロの『エンリコ四世』に目をつけてるんだ。仮装パーティーで馬から落ちて気がふれて、そのまま自分がエンリコ四世だと思い込んだ男の物語なんだが、あれは面白い。三幕の芝居で登場人物が八人ぐらいいるんだけど、そういうのをやらせてえなあと思って。
立川　言ってたよな、あんた。
石原　知事をやめたら書くから、そのときまで死ぬなよ、おまえ。
立川　落語はやる気がねえって言ってるんだから、読むだけでもいいのか。やる気はねえんだって言ってるんだから。でも読むよ、とにかく。
石原　いやいや、死ぬ前に届けるからさ。

立川　でも外国の本っていうのはわからねえんだ、俺。
石原　そうなんだ、読みにくいんだ。でもとにかくいい芝居なんだよな。だから俺、舞台を日本に置き換えられないか考えている。たとえば、叔父の秀吉に世継ぎが生まれちまって、殺されるのを予感している関白秀次と同じオブセッションを抱えている男の一人芝居とかね。
立川　それは本から感じることね。舞台を誰かやったってわけじゃないのね。
石原　どうかな、俺は見たことがない。ずいぶん前に日生劇場で俺が演出してやろうと思ったんだけどさ。
立川　今からでもできるよ。
石原　いやいや、もう劇場が違う形になったからなあ。

最高だった森繁久彌

石原　そういや、師匠は昭和歌謡が好きだったよな。昔、渋谷に「リンゴの唄」の並木路《みち》子《こ》がやってたピアノバーがあった。もうねえんだろうな。
立川　だって並木路子は死んじゃったから。死んでもある場合はあるけど。
石原　どんな歌でも伴奏をやるっていう店だった。だいぶ前だ。十何年か前、はかま満《みつ》緒《お》

〔放送作家〕と行ったんだ。そこで親父が昔唄ってた「むらさき小唄」を唄ったら、「おい、石原君、きみ石原君だろ。いい歌を唄うね。二番は俺が唄う」って、どっかのじじいに取られちゃったんだ（笑）。あれはうれしかったね、俺は。

立川　曲はことによると大久保徳二郎かもしれない。国会議員をやった大久保直彦のおとっつぁん。ちょっと違うかもしれないけど（実際は阿部武雄作曲）。

石原　ああ、お父さんね。

立川　大久保は公明党にいた。

石原　ディック・ミネが唄った「夜霧のブルース」は大久保の親父だったな。

立川　「夜霧のブルース」の作曲は大久保徳二郎かもしれない。

石原　そうだろ。

立川　作詞が島田磬也《きんや》、シマキンっていった人。

石原　そうそう。それで大久保のおっかさん（義母）が「ほーしのー流れにー」と唄った菊池章子。

立川　そう。それから「岸壁の母」は二葉百合子の歌で知られているけど、もとは菊池章子が唄ったの。作詞は藤田まさと。余談になるけど、この歌は一節（ひとっぷし）だっていったの。つまり「海山千里と云うけれど何で遠かろ何で遠かろ母と子に」という一節だって言ったんですがね。当たる曲っていうのは、やっぱり文章とメロディーがピッタリ合ったときですね。

石原　ほんと。

立川　アメリカの曲になるけど、ガーシュインの「Summertime」も出だしの「Summertime」という一節、「雨に唄えば」も出だしの「I'm singing in the rain」っていう一節ですね。

石原　ああ、最初の一行だな。

立川　一行。それが途中になる場合もあるかもしれないけども、とにかくそのひとフレーズだね。

石原　竹下登が言ってたな。「慎太郎さん、歌手三年、総理二年の使い捨てですよ。歌手は一曲当てれば三年間どさ回りしても食える」と。

立川　三年どころじゃない。いまだに「浪曲子守唄」一本でずうっと食ってる一節《ひとふし》太郎なんていうのもいますからね。

石原　ああ、そうか。

立川　二十年、三十年はやってますよ。

石原　ああ、「子守唄など苦手な俺だが」

立川 「苦手な俺だが、馬鹿ななんかの…」

石原 「馬鹿な男の浪花節」

立川 「一ツ聞かそか、ねんころり」と。声がもう出なくなったから音程がはずれちゃって。そういやシゲさん（森繁久彌）も晩年はやっぱり音程がはずれるようになっちゃってね。一緒に飲んでてシゲさんの歌、「銀座の雀」なんかを俺が物真似するんだけど、シゲさんは「銀座の夜、銀座の朝、真夜中だって知っている」としゃべるようにしか唄えなかった。

石原 それいくつぐらいのとき？ 亡くなる寸前でしょ。

立川 すぐ前です。俺、戦前戦後を通じて知ってる中で誰が一番うまい歌手かといったら、やっぱりシゲさんじゃないかと思う。シゲさんの話をするときりがないから、もうやめよう。

石原 いや、俺もシゲさんはよく知ってる。あの人をヨットの世界に引っ張り込んだのは俺なんだよ。とにかく猥談が好きな人だったな。

立川 そう。

石原 面白かった。あの人の猥談は。一番面白かったね。俺が「別荘よりも、動く別荘造りなさい。まずヨット造りなさい」と勧めたら、たまたまそのころ立派な船が売りに出ていたので、俺が仲人《なこうど》して、シゲさんは購入したの。それであの人、冬なのに「これから日本一周する」って言ってまず葉山から出て伊東まで行った。西風が吹く一番悪い時期だった。奥さんたちは伊東へ先に行って待ってるんだよ。そのころ船の性能はあまりよくなかったんで、俺の紹介した船頭がついてった。なんとか伊東沖まで行って、海岸のそばの旅館の部屋を取って待っていた奥さんが望遠鏡で発見して、「あ、パパ見えました。もうじきね。どうぞ」「うん、すぐ行くよ。どうぞ」とトランシーバーで会話を始めた。

それでまた、「あなた、まださっきのところから動かないじゃない。どうしたの。どうぞ」「いや、向かい風が強くてなかなか行けないんだ。どうぞ」。二時間経って、「まだ来ないの。何してるのよ。お風呂入っちゃう。どうぞ」「どうぞ入ってくれよ」ったら、「ご飯が来て、お腹空いた。食べる。どうぞ」「勝手に食べろ。どうぞ」って。あの話も絶妙だったな。ひっくり返って笑った。

立川　ああ、うまかったね。あるとき、落語界や浪曲界などいろんな芸の世界の人間が集まって「怪談の夕べ」というのをやったんですよ。映画界を代表してシゲさんが来てね。結局シゲさんに全部食われちゃった。抜群でしたよ、あの人の話芸は。特にエロ話なんかは素晴らしかったですね。

もうこれでシゲさんの話はおしまいにするけど、シゲさんに「おまえ、ヨットに乗っけてやるから」って誘われたんで行ったんだ。俺としては「石原慎太郎＝ヨット」というイメージがあるから、太陽がギラギラ輝いて船室にはブランデーが置いてあって、半裸体の女がいっぱいいるわと思ったんだよ。ところが、行ったら何もねえんだ。男ばっかりなんだよ。それで夜出発だろ。おまけに出発すると「船底に寝てろ、おまえ、落っこっちゃうと拾えねえぞ」だって。駿河湾の沖合いでもって「拾えねえぞ」って言われたら死んじゃうよりしょうがねえ。イメージが全然違っちゃってね、こりゃたまったもんじゃない。それで俺、鳥羽で降りて帰っちゃったんだけどね。

石原　俺がシゲさんと旅行したときは、もう終日猥談だったね。ミス福島のコンテストかなんかで行ったんだよ。メンバーはシゲさんと伊藤道郎《みちお》、千田是也《せんだこれや》、それから松尾邦之助といって俺の作品の翻訳をやった人、この人は艶書文学の大家でさ。それから藤原あき。シゲさんたちは昼から酒飲んで猥談ばっかりしてる。俺も若造だったけど変な対抗意識で、「森繁さん、ヨットで彼女とやるといいですよ。誰もいない海に行って大きな声出して」って嘘言ったら「そうか、しんちゃん、それでやってるのか」なんてね（笑）。

それからしばらくして会ったとき、「しんちゃん、俺な、ロケ行ったときにやってみたんだ、大部屋の女優連れ出して。山でやったんだけど、大声出し合ってもなんかあんまり感じ出なかったな」だって。実行してみるってのがシゲさんのいいところだね。

立川　そうだね。だけど晩年は満足に言葉も出なくなってね。それで飯を食うときも、エビの天ぷらを真ん中から齧《かじ》るようになっちゃってね。そんでずっと座ってるとやっぱり具合が悪くなるからって、お付きの女の人が体を動かすわけ。俺のところへ足が来たから、足を愛撫してやったら、「あー、あー、ああ」って。こういう受けはちゃんとしてるんだ。偉いもんだなと思ってね。話戻すと、シゲさんがトップだって意見どうですか。

石原　いや、いいね。ほんとに最高だった。ほんとに芸の幅も広かったし、文章も書けたしさ。

立川　そう、歌も唄えて。

石原　師匠、簡単に後を追うなよ。

（「正論」二〇一〇年九月号／『石原愼太郎の思想と行為7』産経新聞出版　二〇一三年）

さらば立川談志、心の友よ　いつかまた、どこかで会えるんだろう

石原慎太郎

立川談志が逝った。

彼との付き合いの始まりはよく覚えていない。

人生の友といえる存在は滅多にいないが、私にとって彼はまさしくその一人だった。若くして世に出て以来、それぞれの世界の名士、人物と出逢ってはきたが、振り返ってみて、ああ、俺にとってあの人がいた、あいつがいたなと思える、存在感のある人物は滅多にはいない。

たとえば、弟裕次郎が何かに書いた父に関する文章を目にしていたく感動し、向こうから言い出して、父を亡くしていた私たち兄弟の親代わりをやってくれた水野成夫《しげお》氏や、三十前の若造だった私の建言に耳を傾け、日本の演劇界に新しい風を吹き込むべく日生社長の弘世現《ひろせげん》氏を動かし、日生劇場誕生のために当時として四十五億、いまなら優にその十倍以上の五百億円はするだろう大金を算段してまかせてくれた五島昇《ごとうのぼる》氏ら、単に恩恵を受けたというだけではなしに深く心の繋がった人々がいるが、立川談志もそうした内の一人、

人生の友だった。

談志と私を結びつけた奇妙な縁

奇妙な縁と言うしかないが、談志と私を結びつけたのは結果としてプロスキーヤーの三浦雄一郎だった。昭和四十六年の参議院選挙で三浦は、私の選挙組織を母体にした『日本の新しい世代の会』の全国区候補として出るはずだった。前年、三浦がエベレストの頂上近いサウスコルから大雪渓をスキーで滑降するという冒険の総隊長をつとめた私は、その折彼から自分の祖父は青森から代議士に出たこともあり、自分としては一生スキーヤーで終わるつもりはなく、男の仕事として政治を選びたいのだという相談を受けた。『世代の会』の全国大会で彼の意思を仲間たちに諮《はか》ってみると、〝冒険野郎〟の三浦氏なら選挙もやりやすいということになり、私から当時の佐藤（栄作）総裁にも報告し、田中（角栄）幹事長に下ろしてもらって、三浦氏は自民党の全国区候補として最初の公認をもらって順調に運動がスタートしていった。

ところが、半年ほどするとどうも三浦の様子がおかしい。田中幹事長から私に呼び出しがかかり、出向いてみると、「おい、これはなんだい」と分厚い手紙を差し出された。田中幹事長宛で差出人は三浦雄一郎とある。中身を開いてみると、まず紙面のそこら中に割印が押されている。読むにつれ中身はいかにも異常、私の悪口が書き連ねてある。

あの男はスポーツマンと称しているが実際はインチキで、スポーツマンの風上には置けぬ。その証拠に、自分たちのサッカーチームと試合をした折、彼はプロの選手を大勢雇って来て、そのせいで自分たちは惨敗したがあれは汚いやり方で許す訳にはいかない、等々。ちなみにその当時プロのサッカー選手などいないし、確かに彼らと対戦した私たちのクラブチームは、後の関東リーグの前身だったリーグ戦で日本鋼管に次いで準優勝したこともある神奈川県有数のチームで、仮借なく点を入れて一方的に勝っただけだ。角さんは、「おい、こいつは疲れているぞ。少し休ませろ。君がついていれば当選するんだから、今からあんまりしごくな」と。

それに合わせたように、三浦のスポンサーだった赤井電機の自身スキーヤーでもあった赤井三郎社長から会いたいと連絡があり、顔を合わすなりいきなり「おい、三浦は駄目だよ」。

「自分は猛烈社長として一代でこの会社を作った。社員も、腹が痛いだの肺病だのいったって、蹴飛ばして働かせりゃ大抵の病気は治っちまう。でも、たった一つどうにもならない病気がある。ノイローゼ、これだけはどうにもならない。三浦はそれだよ」と言う。

それで選挙に関し「これ以上やっても無駄だ、君も迷惑するよ。だから僕も今日限り手を引く。スキーのことでなら会うが、選挙では一切彼とは会わない。そう決めたからね」。確かに三浦はノイローゼになっていたのだと思う。彼のように日々節制して体を鍛えている男にとって選挙戦などという仕事は不規則で、たまらなく不安だったに違いない。長野での事前運動としての講演会の折、事前に会場の様子を見に行ったら、建物前の広場の真ん中の石畳にツェルトを張ってビバークしている者がいる。誰かと思ったら、中から三浦が生のキュウリをかじりながら出てきた。

「どうしたんだ」

「いやあ、僕はこうでもしてないと保《も》たないいんですよ」

照れたように言う。

私はそんな三浦氏にある強い共感を覚えながら、この選挙をきっぱりと諦めた。

とはいえ、私の組織としては誰かを立てぬ訳にはいかない。当選の見込みがありそうなら誰だろうと担いで走らないと組織がもたない時点にまで来ていて、そんな事もあって三浦に次いで正式の候補としたのが細川護熙だった。私自身は細川との面識はほとんどなかったが、細川は前の衆議院選挙に故郷の熊本から自民党の公認なしで出馬し、惨敗したものの次の選挙を目指しているとのことで、誰かの縁故から『世代の会』に加わっていた。

我々としては改めて思いもかけなかった候補を担いで参議院選挙に向けて走る次第となった。

ところが選挙キャンペーンが推進されていくにつれ、応援する側に細川への言い難い違和感が醸し出されていった。私の選挙の折にはまさに鍋釜提げて馳せ参じてくれた、とくに東京在住の仲間たちが、三浦の折には口にしなかった不満や不安を表して細川への協力をはっきり断ってきた。たとえば人形町の老舗《しにせ》の若旦那とか、中にはかつての三月事件の首謀者の息子とかそのスポーツ仲間、あるいは彼らの馴染みのもういい年の芸者衆とか、私としては、あくまで遊びの折々にだが一目《いちもく》も二目もおかなくてはならぬような小粋な、いかにも趣味的でいなせで、世間が持《も》て囃《はや》すブランドなんぞには全く無頓着の、自分自身のしたたかな価値観と感性を持つ連中。

東京に限らず日本の地方都市にもそうした連中と強い共感を持ち得る、ある種の成熟した人物たちはいるもので、知らぬ内に私の選挙が切っ掛けで彼らは彼らでそうした感性の共通項を媒介にした広い人間関係のようなものを持つに至っていた。そんな彼らが細川候補への協力は意に染まないという理由は、選挙戦が進むにつれて私も納得できるようになっていた。

彼らには、あの男はいかにも上《うわ》っ面《つら》でしかなく、それに何よりあんたのために決してならない、あんたはただ利用されているだけだと何度も言われるし、確かにそれは後年、自民党の内紛のとばっちりで出来てしまった細川内閣なるものの惨状とまったく符合する、細川の人間的本質を衝《つ》いたものだったが、こちらとしては当時そんなことを言ってはいられないので、ともかく頼むと言ったのに、ならば俺たちはあんたのためにあの男よりは少しは役に立つはずの別の候補を擁立してやるからそれだけは了承してくれと言う。

質《ただ》したら、それが立川談志だった。彼らからすれば当節でいう「勝手連」ということだったろう。私とて彼らの意にも染まぬ候補を押し付けるつもりはなく、談志と気の合う連中が勝手に彼を担いで選挙を戦うのをことさら潰すつもりもなかった。結局、談志は無所属ながら『世代の会』の仲間として選挙を戦うことになり、私は分際に似合わず二人の全国区候補を抱える羽目になった。

思えばあの選挙で私が抱えた細川護熙と立川談志という二人の候補はいかにも対照的だった。片方は堂上公家の末裔《まつえい》、片方は庶民出の噺家で、古典落語の素養の支えがなければあとはただ破滅的八方破れの、それでいて妙に明るい不思議な気性の芸人で、正直、この男が落語の世界だけではなしに世間一般でこれから一体何をやるのか見当もつきかねるところがあったが、それがまた彼の魅力でもあった。

私が談志のためにどんな演説をしたかは覚えていないが、一緒に落語協会に行って落語協会として談志を応援してやってほしいと挨拶したことは覚えている。そのとき彼の師匠の（柳家）小さんが、「貴様、やめろ、バカ野郎。そんなら落語家をやめろ」と気色ばむのを、周囲の師匠衆が、「まあまあ、小さんさん、そんなこと言いなさんな。この人はまたいろいろあるんですから、まあいいじゃないか」となだめるのを見て、小さん師匠というのは、一応怒りを表にしておいて周りにとめさせるところはなかなかの策士だと感じたものだ。

とにかく私は、限られた仲間たちが談志を応援することを許した。何よりも、前回の自分の選挙で得た、政治家同士よりも心の繋がる市井《しせい》の仲間との関わりを大切にしたいと思ったからだ。

結果として細川は全体の半ばより上、談志は最後の五十番目で当選を果たした。覚えているのは、その発表を待つ間、もう深夜に近く下町の老舗の若旦那たちと談志の仲間の噺家たち、（三遊亭）円楽、（月の家）円鏡、（桂）伸治ら何人いただろうか、どこぞの鮨屋で手にした杯の酒もろくに口にできず、身内の通夜なら冗談でも出ように、彼らは身の細るような思いで開票を見守っていた。するとやっと出た当確の報に談志が「寄席でも選挙でも真打ちは最後に上がるもんだ」と見えをきると、周りがドッと湧いて万歳三唱となった。噺家の仲間というものはいいものだなあと思った。

傍若無人なエネルギー

談志は私の選挙応援にも来てくれ、それはそれで有り難かったが、その応援演説たるやいささか迷惑で、街頭演説でしゃべりたくてマイクを離さない。

「このパチンコ屋はよく出ますよ。あの酒屋はサービス満点ですよ。パチンコするなら何とかパチンコ、酒を買うなら何とか酒屋。衆議院なら石原、石原慎太郎をお願いします」。続けて「イヤな人は上田哲へ」。それで私の支持者からは「石原さん、なんであんな応援弁士を呼ぶんだ。いい加減にしてよ」という苦情を談志に話すと、「感覚の問題だよ。ああ言えば、わかるヤツは絶対に上田哲には入れない。あの演説が気に入ってアニさんに票を入れたヤツもいるぞ」と涼しい顔で、「そんなに目くじら立てることはない。それが演説の幅ってもんで、アニさんの器量になるんだ」と訳のわからないことを言う。私としては苦笑いで済ませるしかなかった。

彼の政治に関して世間が記憶しているエピソードは、昭和五十一年一月、沖縄開発政務次官として地元紙との会見に出席した折、酒の臭いをぷんぷんさせていたので、「公務と酒のどちらが大切なんだ」と突っ込まれ、「酒にきまってんだろ」と答えた一言だった。

私はあのとき談志に、「おまえはすでに歴史を持っている人間だから、ここで素直に謝れば新しい歴史ができるぞ」と言ったのだが、談志は「嫌だ」と突っ張って政務次官を三十六日で辞任した。意地っ張りだが、あの傍若無人なエネルギーが立川談志という人間の真骨頂ともいえる。

こんな事も談志との忘れられない光景としてある。あるとき応援演説に同行したいというので連れて行ったら、談志の弟子が四、五人も付いてきた。途中蕎麦屋でザル蕎麦を食べたら、談志は汁《つゆ》をほとんどつけない。

「落語にもあるじゃないか、おまえ、そんなふうに食っててうまいか」

「まずいに決まってるじゃねぇか。けど古典落語(「そば清」)のオチにあるからな。〝せめて一生に一度、蕎麦に汁いっぱいつけて食いたかった〟って。弟子引き連れてる師匠の俺が、汁たっぷりつけて食うわけにいかねえだろう」

弟子たちも談志を真似て汁をつけずに食べていたな。私にはバカな事としか思えなかったが。

談志の十八番と言えば「芝浜」だろうが、かつて三木のり平さんと高座を聴きに行ったときのこと。寄席をはねてから飲みに出、その場で「芝浜」の出来について、身体性が全然感じられず、「アーティキュレーションだけがいい」と率直に言うと、談志は「今日のは出来がよくねえ」と言い訳した。

「ねえ、のり平さん、どう思いました」と稀代の珍優、名優にふると、彼がボソッと「慎太郎さんの言うの、わかるんだよなあ。談志さん、なんで押しばっかりなのかね。引きがない、間がない」。

言われてそのひと言で談志がガクンとなってしまった。名人が名人を小太刀《こだち》で斬り倒したような趣があって、傍目に興味深い瞬間だったが、そのあと談志はすっかり悪酔いしてしまい大変だった。私見だが、以後、談志の「芝浜」は味わい深いものになっていったのではないだろうか。談志という落語家が小才ではなく大きな才能を開花させていく契機にもなり得たのではないかと思う。


後年、今度は彼のために新作を書いてやろうと思い、ルイージ・ピランデッロの『エンリコ四世』に目を付けた。仮装パーティで馬から落ちて気がふれ、そのまま自分がエンリコ四世だと思い込んだ男の物語だ。登場人物が十人以上の三幕芝居で、この舞台を日本に置き換えて談志の新作落語に仕立てられないか。たとえば叔父の秀吉に世継ぎが生まれて、殺されるのを予感している関白秀次と同じオブセッションを抱えている男の一人語りにできないか。あるいは元の芝居を活かして十人近い人物が登場する群像劇にできないか。そんなことを考えた。

落語の登場人物はだいたい二、三人だが十人近い人物の演じ分けができるかと談志に問うたら、「出来る」と自信たっぷりに断言していたが。その後こちらも都知事になってしまい、多忙に紛れている内に談志も病気との格闘が続いて、「知事を辞めたら書くから、そのときまで死ぬなよ」と言ってきたものだったが、会ってこの話をすると談志は、「落語はやる気がねえって言ってるんだから、読むだけでもいいのか。やる気はねえんだ。でも読むよ、とにかく」となってしまい、結局それきりになってしまった。

三年前、談志と弟子の「親子会」と銘打たれた高座を歌舞伎座で聴いた。弟子の一席の後高座に上がった談志に、「談志、まだ生きてやがったのか」客席から声をかけた。「イヤなやつがいたよ」という掛け合いがあって、その後談志は神妙に客席に向かって小噺しかできないことを「本当に申し訳ない」と詫びた。その姿はいつもの立川談志ではなかったが、二十分ほどの小噺そのものは卓越したショートショートを繋いで本当にうまいものだった。そしてその間は弟子の一席よりもずっと客席を沸かせ、客の誰ひとりとして小噺だけで高座を下がった談志に不満を漏らす者はなかった。

楽屋に足を運んだら、談志は寝ころんだまま「アニさん、俺、くたびれちゃったんだ。このまま帰っちゃってもいいかな、ねえ、どう?」と尋ねてきた。あの小噺で精一杯だったのか。私は主催者でもないのに「おう、帰れ帰れ。帰って休め」と言ってから帰してしまった。談志の体力が落ちているのは歴然とわかった。

そして昨年の初夏だったか、談志は糖尿病の治療のインシュリンを打ちながら雑誌の対談で私に付き合って飲み、「アニさんに会うと、どっかで石炭燃やされる感じになって元気が出んだよ」と笑った。「じゃあ、インシュリン打つかわりに俺が一日おきでも会ってやるよ」と応じると、「ありがたいな」と殊勝に言っていた。その素直さに改めて、おい、大丈夫かと思った。

俺たちだけの最後の会話

かつて中川一郎が死んで派閥をどうすべきか苦闘し、雁字搦《がんじがら》めになって苦しんだとき、座禅でも組もうと松原泰道《たいどう》師の龍源寺（東京都港区）を訪れていった。泰道師の子息哲明《てつみょう》師と一緒に座禅を組み、終えたらポツリと哲明師が、

「石原さん、あなた前から見ると偉丈夫《いじょうぶ》だけれど、後ろ姿はショボイねえ」

「そうなんだよ」言ったら、

「座禅はこんなときに組んだって効《こう》がないよ。あなたは海が好きなんだろう。私もこの間所用があって東京税関に行ったときに岸壁越しに海を眺めたら、海っていいなあと思ったな」

「海といったって東京湾でしょうが」

「東京湾でもそう思えるんだから、ヨットで二、三日海に行ってきたらいいんじゃないか」。

そうかもしれないなと、予定をキャンセルして三日間ほどクルージングに出てみたら、海のお蔭でそれなりに気力が持ち直してきたものだった。

私は都知事という仕事を三期で辞めるつもりでいた。高齢でもあり、自らの心身の衰えも感じていただけに、長きにわたっての逡巡、呻吟の末に、あえて出馬の決心をした。その後東日本大震災が発生し、ある種の宿命を感じない訳にはいかないが、さまざまな事象が積み重なって、このところいささか心身の調子がすぐれずにいた。

ふと過去の座禅の折の哲明師とのやりとりを思い出し、気休めでもいいから座禅に行ってみるかと龍源寺に電話したら、哲明師の夫人に、「哲明は昨年脳幹出血で亡くなりました」と告げられた。私よりも若い哲明師の死はショックだった。そこでこれはもう〝劇薬〟だが、逆に石炭焚いてもらおうと談志に電話した。数日前に徳光和夫の司会する番組に談志が映っていて、市井の風俗を織り込んだ小噺だけだったが、顔つきももとへ戻っていて、とてもうまい、見ながらよかったと思った。

談志ではなく夫人が電話口に出て、「入院していてもう駄目です。明日あたり病院から連れて帰ろうと思っています。もう全然声が出せなくて、やりとりも筆談なんです」という。私が見た場面は以前の録画だった。三日ほどして、あえて電話をすると今度は娘さんが電話口で、「意識が朦朧としていて何もできない状態です」という。

「俺、話したいから電話を繋いでくれよ。受話器を持っていって、石原からの電話だと告げて彼の耳に当ててくれ。俺が一方的に話すから」

「そうします」と。

談志の耳元に受話器があてがわれたのを確かめ、開口一番、「やい談志、おまえ、もうくたばりそうだな」憎まれ口をきいてやった。

「しゃべりたくてしようがないヤツがしゃべれないのは、辛いだろうが、これも宿命だ。神さまが、もう休めと言ってるんだぞ」

続けて一方的にいろんな憎まれ口をたたいてやった。談志はずっと黙って聞いていたが、電話口から聴こえる息遣いが次第に「はあ、はっ、はっ」と荒くなり、何か声を発しようとしているのがわかった。痛ましくて胸が詰まったが、

「まあ、いいや。どっかでいつかまた会えるだろう。それまで、さよなら」。

談志が「ああ」と答えるのが気配でわかった。最後に、俺たちだけのいい会話ができたと思った。

私はある意味で天涯孤独できたが、その私に談志がなぜか焼きもちを焼いていたところがあった。それは私のステイタスなんぞに対してではなく、私のほうが談志よりもずっと世間を気にしていないということだったかもしれない。談志はいつも世間に映る自分が念頭にあった。それが世間へのある種のサービス精神となって現れ、選挙の応援演説の砕けすぎた物言いも、古典落語に対し「定型で終わったんじゃ、ちっとも面白くない。小説だってそうだろう」と言うのも、同じことだったろう。

落語界の異端児、反逆者、風雲児…、談志はさまざまに形容されたが、そのどれもが当たっているようで当たっていないように思う。生前あるインタビューで談志は、落語に出逢えて本当に良かった。落語に出逢えたからこそドロップアウトすることなく人生を歩んでこられ、よき妻、よき家族も持つことができた。そうでなければ箸にも棒にもかからない人間だったに違いないと、彼らしくない殊勝な事を言っていたが、その思いゆえに常に周囲を刺激しようと突き動かされ、その発露としてのサービス精神で人生を走り切ったのだろう。

それはたとえば「緑の小母《おば》さんには美人がいない」などと言わずもがなの余計なお喋りともなって数多《あまた》の誤解や顰蹙《ひんしゅく》を買いもしたが、同時にそれは世間の偽善や慣れ合いの嘘に対する反発、反逆のエネルギーの発露で、そうとわかる者たちからは喝采を受けた。内面の神経のこまやかさをみれば、彼は立川談志という〝無茶〟を演じ続けていたのかもしれない。

晩年、談志は「イリュージョン」という日本語に訳しにくい言葉をしきりに口にしていた。

「古典をやっていると、俺の噺の中で勝手に登場人物が動き出して俺の言うことをきかなくなってきた。『芝浜』の最後も、女房に酒を勧められて〝やめておこう。また夢になっちまうといけねえ〟というオチが納得できずに、酒好きがそれで納得できるか。〝それなら一本つけてくれ〟となるんじゃねえのかと」

古典落語などというものは、歌舞伎と同様に完成された様式だから、誰が噺をしてもほどのものには聴こえるだろう。しかし談志はそこにとどまらなかった。むしろそれが我慢ならなかったのだろう。イリュージョンというのは、それが完成したかどうかはともかく談志のエネルギーの昇華であったことは間違いあるまい。

談志との付き合いの始まりはよく覚えてないが、初めて会ったときの印象は強いものだった。往年の横山隆一氏の名作漫画「フクちゃん」に登場するフクちゃんの友達、よく喋る小生意気なコンちゃんに風貌からしてそっくりだった。

今思えば、談志と私はかなり奇妙な友達だった。彼はある意味で私の人生を映し出してくれる友だった。彼にとっての私もそうだったろう。会う度に憎まれ口をたたき合い、それがお互いの活力、関係の深まりともなって奇妙な友情を育んだ。彼は勝手なときに電話してきたり現れたり、日頃は他所で雑口の悪口を言っていたりするくせに、困ったことがあると「アニさん」などと言ってきた。息子に私と同じ慎太郎と名づけ、「いつも威張られているんで、息子の名前をあの人と同じ慎太郎にしたよ。慎太郎、慎太郎って呼び捨てできるからな」と噺のマクラにまでしていた。世間がどんな言葉で、どんな印象で談志を送ろうと構わない。

さらば談志、私の不思議な友よ。

（「正論」二〇一二年二月号／『石原慎太郎の思想と行為7』産経新聞出版 二〇一三年）

立川談志　略年譜

昭和一一（一九三六）年　東京・小石川に生まれる
昭和二七（一九五二）年　私立東京高校を一年生で中退、五代目柳家小さんに入門
前座名は「小よし」
昭和二九（一九五四）年　二つ目昇進。「小ゑん」と改名
昭和三五（一九六〇）年　結婚
昭和三八（一九六三）年　真打ち昇進。「立川談志」を襲名
昭和四〇（一九六五）年　「立川談志ひとり会」第一回を紀伊國屋ホールにて開催
昭和四一（一九六六）年　「笑点」日本テレビにて放送開始、初代司会者に
昭和四六（一九七一）年　参議院議員選挙全国区に初当選
昭和五〇（一九七五）年　沖縄開発庁政務次官に就任
昭和五八（一九八三）年　落語協会を脱退、落語立川流を創設
平成九（一九九七）年　食道がんを手術

平成一〇（一九九八）年　喉頭がんの疑いで検査入院
平成一四（二〇〇二）年　「高座五〇周年、立川談志。」全国公演を行う
平成二一（二〇〇九）年　糖尿病を患い長期休養を発表
平成二二（二〇一〇）年　「立川流落語会」で高座復帰
平成二三（二〇一一）年　三月、「立川談志一門会」での「蜘蛛駕籠」が最後の高座に
　一一月二一日、喉頭がんのため死去

巻末インタビュー

父・立川談志と作家たち　没後十年に寄せて

松岡慎太郎

十七歳の日記に綴られた「ピュアな」内面

今年（二〇二一年）、没後十年を機に父・談志の日記を出版することになりました。そこで初めて、十七歳のときの日記帳などを読んだんです。父は普段から「俺は突然変異種だ！」と変わり者を自称していましたので、相当ひねくれた子供だったんじゃないかと思っていましたが、日記には真面目で純粋な内面が綴られていました。

十六歳で入門して、まだ前座だった頃ですから、落語のことがたくさん書かれていました。日常的なことや、世間のニュースなども細々《こまごま》とありました。いま五十代の私から見ると、年相応に子どもらしいところもあり、それを読むのは不思議な体験でしたね。生意気そうなんですが、いろんなことを一生懸命に考えている。じつはピュアな人だったんだと、どこか合点がいった気がしました。

そんな物事を深く考える人間だったからこそ、田辺茂一さん（紀伊國屋書店創業者）や色川武大さんをはじめ、作家さんとのお付き合いを大切にしていたのではないでしょうか。父はよく「落語家と落語の話はできても、人生や人間について語りあうことはできない」と言っていました。とにかく好奇心の塊のような人でしたから、何か考えたい、知りたいというときに、作家さんとの対話から得られることは多かったと思います。

自分は「ご隠居ではなく八っつぁん」

談志が田辺さんや作家さんたちとお付き合いするようになったのは、二つ目になってからです。お金が少しできて、作家の山口洋子さんがママだった銀座のクラブ「姫」なんかに行くようになった。そこで作家、芸人などの文化人、スポーツ選手、政治家など交友関係が広がっていきました。

自分でも「年寄りキラーだった」なんて言っていましたが、目上の人に物怖《ものお》じせず、懐に飛び込んでいくことには自信を持っていたようです。まわりがギョッとするような核心をついた質問も、自分ならできると思っているところがありました。

世間では、年をとってからの毒舌ご意見番のようなイメージがあって、最近も「家元が生きていたら今のコロナ禍についてなんて言うだろうね」なんて声をかけてくださる方もいます。でも本人は自分のことを、落語に出て来る「ご隠居と八っつぁん」の八っつぁんなんだと言っていました。物知りのご隠居のほうではなくて、「いやァーどうも」って急に訪ねて行って、「人生って何なんですか」とか「嫉妬って何ですか」とか、根掘り葉掘り訊く。まさにあの八つぁんです。とはいえ、わりと一方的に自分の考えをしゃべっちゃうときも多かったですけどね。対談でも談志だけ行数が多いときがあります(笑)。「こういう意見はどうですかネ」ってしゃべって、「うんうんうん」って受けとめてもらう。そういう関係性が一番心地よかったのではないでしょうか。だから、私から見ても、作家さんに会うときは、どこか安心しているようでした。

立川談志をつくった作家たち

父が創設した落語立川流にも、作家さんがたくさんいらっしゃいました。「顧問」には、手塚治虫さん、色川武大さん、石原慎太郎さん、川内康範《こうはん》さん、小室直樹さん。それから、プロの落語家を目指す人のためのAコースに対して、Bコースがいわゆる著名人枠。ビートたけしさんのような芸人さんから、野坂昭如さん、景山民夫さん、高田文夫さんのような作家さんが集まってくださった。落語以外の世界で名をなしたBコースの皆さんからは、談志も影響を受けたいと思っていたはずで、いろんなことを吸収したと思います。

立川流の外では、心理学者の岸田秀《しゅう》さんとお話するのを楽しみにしていた頃もありました。家にもよく岸田さんの本がありました。

晩年は、伊集院静さんや福田和也さんとよくお話させていただきました。五十代くらいまでは田辺さんや色川さんのような方を「人生の師匠」と慕ってきたわけですが、年をとってからは自分がご隠居の立場になってしまい、自分で自分をよりどころにするしかなかった。最後までいろいろ考え、悩んでいる人でしたから、頼れる「師匠」がいないのは、少し辛かったのではないでしょうか。

福田さんにはそんな時期に、よくお世話になりました。二〇一一年三月六日が最後の高座で、その翌々日に「週刊現代」で福田さんと対談をやり、それが最後に外へ出た仕事になりました。私も同席していましたが、もう声が出なくなっていて、父の体調のことばかりが記憶に残っています。

「あの石原が傘一本で待っててくれた」

石原慎太郎さんとは「戦友」「悪友」という感じで長くお付き合いいただきました。私も一緒にお会いすることがありましたが「談志、そんなんじゃダメだろ」って口では言いながら、表情はとても優しくて。

参議院選に出たときも、石原さんが後ろ盾になってくれました。

晩年のころ、体調が悪くて落ち込んでいるとき、石原さんが「俺が治してやる」と言って気功師を紹介してくださったことがあったんですよ。急遽、母と姉がタクシーに乗せて行ったら、雨のなか、石原さんが一人で傘をさして建物の外で待ってくれていたんです。残念ながら気功はあまり効果がなかったようでしたが、「あの石原が傘一本で待っててくれた」って、むしろその気持ちが嬉しかったみたいですね。

長いこと、私を「慎太郎」と名付けたのは石原さんを呼び捨てにできるからだと言っていて、私もそれを信じていました。大人になってから「陸援隊の中岡慎太郎からとったんだ」と明かされて、なあんだと思いましたよ（笑）。

亡くなってから一カ月後に開いた「お別れの会」では、石原さんに弔辞をお願いしました。

自著の解説まで書こうとした

談志自身もたくさんの連載をもち、本を書いた人でしたが、自分が「作家」だという意識はまったくなかったですね。ただ、ものすごく筆マメで、原稿も手紙もメモもどんどん書いたし、とにかく書くことが好きでした。

あるとき、文庫の解説をどなたに依頼するべきか編集者の人と悩んでいて、本人に相談したら「俺が書くヨ、原稿料出るんだろ?」って。覆面で「謎の落語家X」ということにしようって乗り気だったんですが、「著者本人の解説は原稿料が出ない」と編集部に言われ、実現しませんでした。もし書いていたら、自分の本をベタぼめしたか、それとも客観的に分析したか。今となっては読んでみたい気がします(笑)。

机に向かってというより、布団に腹ばいになって、原稿用紙に書くのがいつものスタイルでした。すべて手書きで、しかも早い。二〇〇字詰めの原稿用紙十枚くらいなら、三十分くらいで仕上げていました。途中で間違っても、「ちょっと待てよ。ああこっちだった」ってそのまま書いて、すらすらと続けてしまう。調べ物をしてから書くということもなく、昭和歌謡でも昔の芸人さんの話でも、すべて自分の記憶だけで書いていました。

「長屋」と書いて「うち」、「談志」と書いて「おれ」と読ませるふりがなの使いかたも、自分が発明したんだと威張っていました。弟子にもよく「書けないやつはダメだ」と言っていて、文章で表現する能力は必要だと考えていたようです。そのせいか立川流一門は今でもやたらと本を出すんですが(笑)。

小説はあまり書きませんでしたが、『酔人・田辺茂一伝』や、毒蝮《どくまむし》三太夫《さんだゆう》さんなどのことを書いた『談志受け咄』が唯一それらしいものでしょうか。『酔人・田辺茂一伝』は田辺さんへの思いのつまった、談志にとって大切な本だったと思います。単行本版は山藤章二画伯のイラストがカバーでしたが、「まごうことなき田辺先生の背中だ」と気に入っていました。トレードマークだった手提げカバンの実物が、二人の通っていた銀座のバー「美弥」にずっと飾られていました。数年前に閉店してしまったのですが、あのカバンはどうしたのかなぁ。

「談志の話をしない日は一日もないよ」

二〇一一年四月に活動を休止してからは、「週刊現代」の連載を最後まで続けていました。週刊のペースについていけるか心配していましたが、むしろ原稿がどんどんたまってしまうほど旺盛に書いていました。時事放談ですから、日がたつと古くなってしまう。掲載が間に合わなくて慌てたくらいでしたが、それが結果的に良かったんです。声が出なくなってテレビもラジオも出られないなか、連載だけは続いていたので、あまり世間の皆さまにご心配をおかけしないですみました。さすがに最後は立てなくなって、座れなくなって、寝たきりになって、字も書けなくなりました。でも、たまっていた原稿のなかから、編集長と相談して「古い話で悪いけど」なんてひと言入れさせてもらって。亡くなったあとにも一回、掲載したくらいです。連載原稿のほかにも、最後まで、色紙や短冊を書いていました。そういう意味では、書くことに救われた晩年だったと思います。

二〇一一年十一月に亡くなってから十年がたちました。亡くなった直後は一日一日が重苦しくて、長くて。一カ月後に「お別れ会」をやったときには「まだ一カ月か」と思いました。それからだんだん時間が早くたつようになって、気がつけば十年。喪失感はずっとあるのですが、一門の皆もいますし、毒蝮さんなんかは「談志の話をしない日は一日もないよ」と言ってくださるので、寂しさはあまりありません。皆さんに感謝しています。

不思議なことに、最近、ふっと存在を近くに感じるようなときがあるんです。「この仕事どうしようかな」とか考えていると「やったほうがいいよ」とか「断ったほうがいい」とか声が聞こえてくるような気がする。父はもういないんだから、私も好き勝手にやればいいのに、下手なことはできないですね(笑)。それでも、今にいたるまで談志に関わる仕事を続けてこられて、まだ皆さんも談志を覚えていてくださる。ありがたいと思いますし、父も喜んでくれているのではないかと思います。

（まつおか・しんたろう　談志役場社長）

本書は文庫オリジナル編集です

編集付記

一、各対談、エッセイの底本は末尾に記しました。

一、表記については底本を尊重し、明らかな誤植と思われる箇所のみ訂正しました。難読と思われる語にはルビをふり、〔　〕内に編集部による注を付しました。

一、本文中には今日の人権意識に照らして不適切と思われる表現がありますが、落語という古典芸能がテーマであること、著者が故人であることを考慮し、底本のままとしました。

中公文庫

作家《さっか》と家元《いえもと》

2021年11月25日　初版発行

著　者　立川《たてかわ》　談志《だんし》

発行者　松田　陽三

発行所　中央公論新社
〒100-8152　東京都千代田区大手町1-7-1
電話　販売　03-5299-1730　編集　03-5299-1890
URL http://www.chuko.co.jp/

DTP　嵐下英治
印　刷　三晃印刷
製　本　小泉製本

Published by CHUOKORON-SHINSHA, INC.
Printed in Japan　ISBN978-4-12-207141-4 C1195

各書目の下段の数字はＩＳＢＮコードです。978 - 4 - 12が省略してあります。

中公文庫既刊より

た-56-1
新釈落語咄
立川談志
古典落語の真髄を現代訳した〝家元〟談志の落語論。「粗忽長屋」から「妾馬」まで珠玉の二十篇に新たに光が当てられ、いま蘇る。〈解説〉爆笑問題・太田 光
203419-8

た-56-3
酔人・田辺茂一伝
立川談志
若き談志が「人生の師」と慕った紀伊國屋書店創業者・田辺茂一。ともに遊んだ昭和のネオン街と華やかな交友関係を振り返る漫談風エッセイ。〈解説〉高田文夫
207127-8

い-137-1
本牧亭の灯は消えず　席亭・石井英子一代記
石井英子
講談定席として多くの芸人が集った本牧亭。その席亭として昭和の演芸界を支えた「おかみさん」が語る、笑いあり涙ありの一代記。〈巻末対談〉宝井琴調・神田伯山
207122-3

か-87-1
歌丸 不死鳥ひとり語り
桂 歌丸
長井好弘 編
貧乏だけど志はあった青春時代から噺の面白さを世に伝える現在まで粋なひとり語りが一冊に。多彩な芸談義「あたしのネタ帳」と口演速記『ねずみ』も収録。
206622-9

か-92-1
桂馬の高跳び　坊っちゃん講釈師一代記
神田山陽(二代目)
明治生まれの若旦那、張り扇片手に芸の道へ。講談を愛し、講談に尽くした「革命家」二代目神田山陽の痛快な一代記。孫弟子・六代目神田伯山による解説収録。
207002-8

あ-79-2
高座のホームズ　昭和稲荷町らくご探偵
愛川 晶
昭和五〇年代、稲荷町の落語長屋。噺家連中が持ち込む謎の数々を解き明かすのは、八代目林家正蔵（のちの彦六）⁉　名人の推理が光る洒脱な落語ミステリー。
206558-1

あ-79-3
黄金餅《こがねもち》殺人事件　昭和稲荷町らくご探偵
愛川 晶
古典落語の名作「黄金餅」を彷彿とさせる怪事件が雪の東京で発生した！　落語界の大看板にして名探偵・八代目林家正蔵が謎に挑む痛快落語ミステリー第二弾！
206645-8

あ-79-5
高座のホームズみたび 昭和稲荷町らくご探偵　愛川　晶
「犬の目」を口演中の二つ目・佃家花蔵が酔客に左眼を殴打され、次いで花蔵の兄弟子・傳朝が暴漢に襲われる。八代目林家正蔵の推理は⁉〈解説〉西上心太
206775-2

あ-79-7
芝浜の天女 高座のホームズ　愛川　晶
天女のように美しい妻の秘密とは？　女に金に、芸の道に悩める噺家たちが今日も探偵・林家正蔵の長屋へやってくる。落語ミステリー第四弾。〈解説〉広瀬和生
206903-9

あ-79-6
芝浜謎噺 神田紅梅亭寄席物帳　愛川　晶
二つ目・寿笑亭福の助の元弟子が『芝浜』の稽古をつけてほしいと泣きついてきた。口演が難しい人情噺に拘るのには深い事情が。異色の落語ミステリ三篇。
206808-7

あ-79-4
道具屋殺人事件 神田紅梅亭寄席物帳　愛川　晶
真打ちを目指し、日々修業に励む二つ目・寿笑亭福の助の周辺で次々と謎の怪事件が勃発！　〝落語ミステリ〟の異才が放つ珠玉の三編。〈解説〉宇田川拓也
206722-6

お-82-4
江戸落語事始 たらふくつるてん　奥山景布子
口下手の甲斐性なしが江戸落語の始祖⁉　殺人の濡れ衣や綱吉の圧制に抗いながら、決死で〝笑い〟を究めた咄家・鹿野武左衛門の一代記。〈解説〉松尾貴史
207014-1

い-42-3
いずれ我が身も　色川武大
歳にふさわしい格好をしてみるかと思っても、長年にわたって磨き込んだみっともなさは変えられない——永遠の〈不良少年〉が博打を友を語るエッセイ集。
204342-8

い-42-4
私の旧約聖書　色川武大
中学時代に偶然読んだ旧約聖書で人間の叡智への怖れを知った……。人生のはずれ者を自認する著者が、旧約と関わり続けた生涯を綴る。〈解説〉吉本隆明
206365-5

み-9-17
三島由紀夫 石原慎太郎 全対話　三島由紀夫　石原慎太郎
一九五六年の「新人の季節」から六九年の「守るべきものの価値」まで初収録三編を含む全九編。七〇年の士道をめぐる論争、石原のインタビューを併録する。
206912-1

各書目の下段の数字はISBNコードです。978-4-12が省略してあります。

く-26-1 **石原慎太郎を読んでみた 入門版** 栗原裕一郎 豊﨑由美
『太陽の季節』から『天才』まで、膨大な作品群を人気書評家二人が繙き、語り、その真価に迫る！ 受けて立つ⁉ 石原慎太郎氏本人との鼎談も収録。
206521-5

ゆ-2-23 **軍旗はためく下に 増補新版** 結城 昌治
陸軍刑法上、死刑と定められた罪で戦地で裁かれ処刑された兵士たち。戦争の非情を描く直木賞受賞作に著者自作解説を増補。〈解説〉五味川純平／川村 湊
206913-8

よ-17-11 **好色一代男** 吉行淳之介訳
生涯にたわむれし女三千七百四十二人、終には女護の島へと船出し行方知れずとなる稀代の遊蕩児世之介の物語が、最高の訳者を得て甦る。〈解説〉林 望
204976-5

よ-17-12 **贋食物誌《にせしょくもつし》** 吉行淳之介
たべものを話の枕にして、豊富な人生経験を自在に語る、洒脱なエッセイ集。本文と絶妙なコントラストを描く山藤章二のイラスト一〇一点を併録する。
205405-9

よ-17-13 **不作法のすすめ** 吉行淳之介
文壇きっての紳士が語るアソビ、紳士の条件。著者自身の酒場における変遷やダンディズム等々を通して「人間らしい人間」を指南する洒脱なエッセイ集。
205566-7

よ-17-14 **吉行淳之介娼婦小説集成** 吉行淳之介
赤線地帯の疲労が心と身体に降り積もり、街から抜け出せなくなる繊細な神経の女たち。「赤線の娼婦」を描いた全十篇に自作に関するエッセイを加えた決定版。
205969-6

よ-17-16 **子供の領分** 吉行淳之介
教科書で読み継がれた名篇「童謡」など、早熟でどこか醒めた少年の世界を描く十篇。随筆「子供の時間」他一篇を付す。〈巻末エッセイ〉安岡章太郎・吉行和子
207132-2

よ-17-9 **酒中日記** 吉行淳之介編
吉行淳之介、北杜夫、開高健、安岡章太郎、瀬戸内晴美、遠藤周作、阿川弘之、結城昌治、近藤啓太郎、生島治郎、水上勉他――作家の酒席をのぞき見る。
204507-1